はじめに

漢字能力は日常生活を送る上で、欠くことのできない基本的な能力であり、パソコンが普及した現在においても、正しい知識がなければ適切な文章表現は難しいといえます。一朝一夕（わずかな期間）に身につくものではありませんが、書籍、新聞、雑誌を、漢字を意識して読むなど日頃の努力の積み重ねが必要なことはいうまでもありません。

本書は、最近しだいに会社や学校で重要な資格とみなされるようになってきた「**漢字能力検定**」に合格できる実力を養うことに重点をおいて作成しています。

特色と使い方

本書は「**練習編**」、「**実力完成編**」の二部構成になっています。

「**練習編**」は読み書きなどの問題形式別とし、効率的に練習ができます。各問題は見開き二ページ、解答は書き込み式になっています。チェックらんを利用して、繰り返し練習することが上達のコツです。

「**実力完成編**」は検定と同じ形式、問題数のテストで、検定前に、漢字能力の最終点検や弱点チェックをすることができます。

巻末にある「**資料**」には配当漢字表をのせているので、漢字の読み、部首などの確認ができます。

また、「**答え**」は答え合わせのしやすい別冊とし、間違えやすいところは「×」で示し、「**チェックしよう**」は重要な語句や漢字知識の解説で、幅広い漢字力の養成に役立つ工夫をしています。

目次

漢字検定9級トレーニングノート

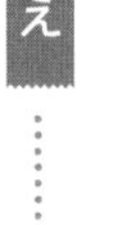

1 漢字のよみ ①

よく出る

合かく 27~34 / もう一歩 18~26 / がんばれ 0~17

とく点

シール

つぎの——せんの漢字のよみがなを——せんの右にかきなさい。

□ 1 遠[1]くまでよくとぶ紙[2]ひこうきを作った。

□ 2 長[3]くてりっぱな刀[4]をこしにさす。

□ 3 時計が止[5]まったのは電池[6]が切[7]れたからだろう。

□ 4 姉[8]は、かばんから黒[9]い手ちょうをとり出した。

□ 5 朝食[10]には、肉[11]のほかに魚[12]もとり入れる。

□ 6 新[13]しい交通[14]ルールをまもって走[15]る。

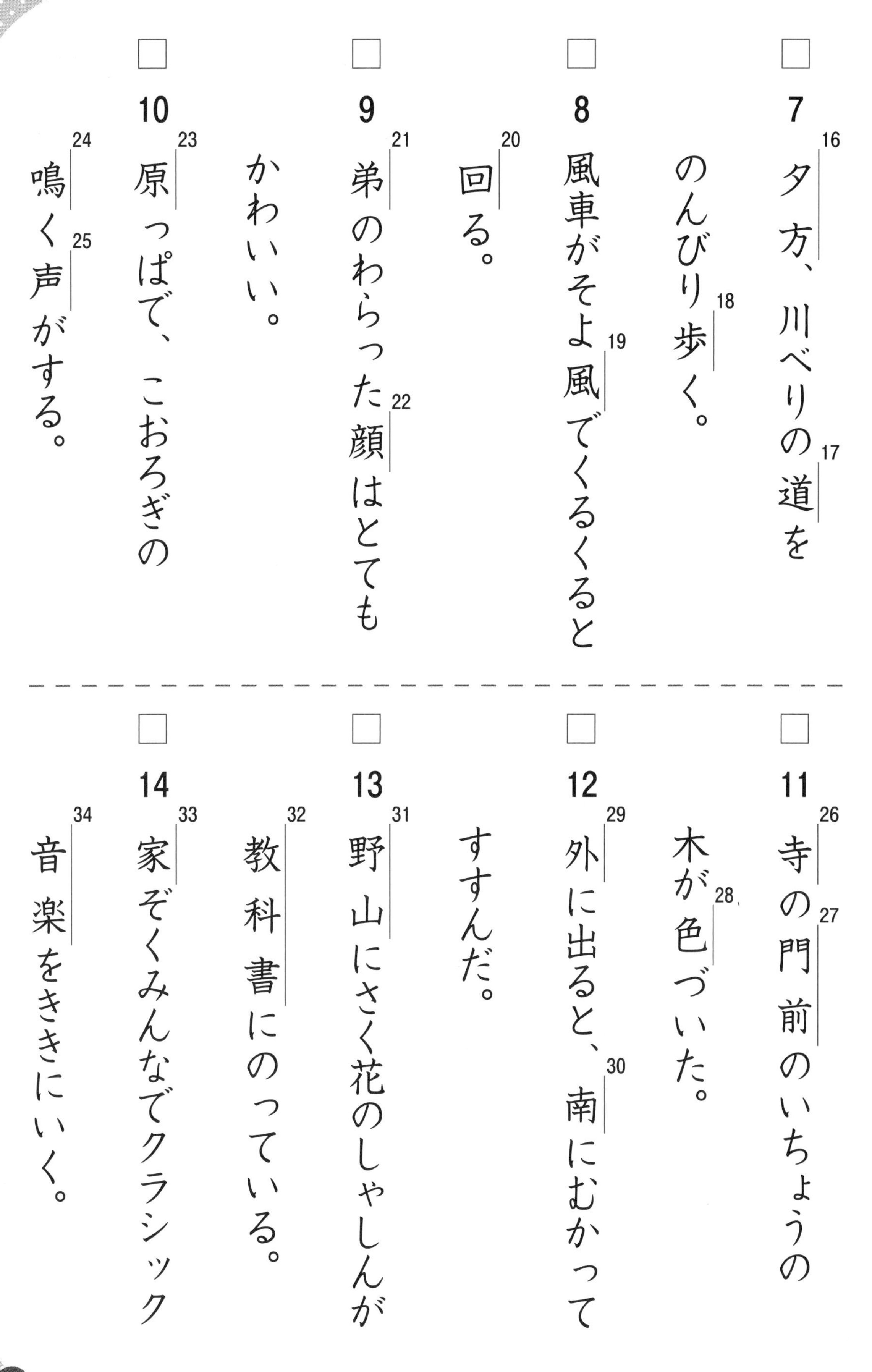

□ **7** [16]夕方、川べりの[17]道を
のんびり[18]歩く。

□ **8** [19]風車がそよ風でくるくると
[20]回る。

□ **9** [21]弟のわらった[22]顔はとても
かわいい。

□ **10** [23]原っぱで、こおろぎの
[24]鳴く[25]声がする。

□ **11** [26]寺の[27]門前のいちょうの
木が[28]色づいた。

□ **12** [29]外に出ると、[30]南にむかって
すすんだ。

□ **13** [31]野山にさく花のしゃしんが
[32]教科書にのっている。

□ **14** [33]家ぞくみんなでクラシック
[34]音楽をききにいく。

2 漢字(かん)のよみ ②

つぎの――せんの漢字(かん)のよみがなを――せんの右にかきなさい。

よく出る

合かく 27~34
もう一歩 18~26
がんばれ 0~17
とく点

シール

□ 1 ぼく場[1]で、二頭[2]の白い馬[3]がかけている。

□ 2 遠足[4]のあった日は、朝[5]からよく晴[6]れていた。

□ 3 春[7]になって、早くも東[8]の空が明[9]るくなった。

□ 4 父[10]は、自分[11]の車で会社[12]に出かけた。

□ 5 体力[13]テストの点数[14]は、きょ年と同[15]じだった。

□ 6 太[16]いえだに、きれいな羽[17]をした鳥[18]がとまる。

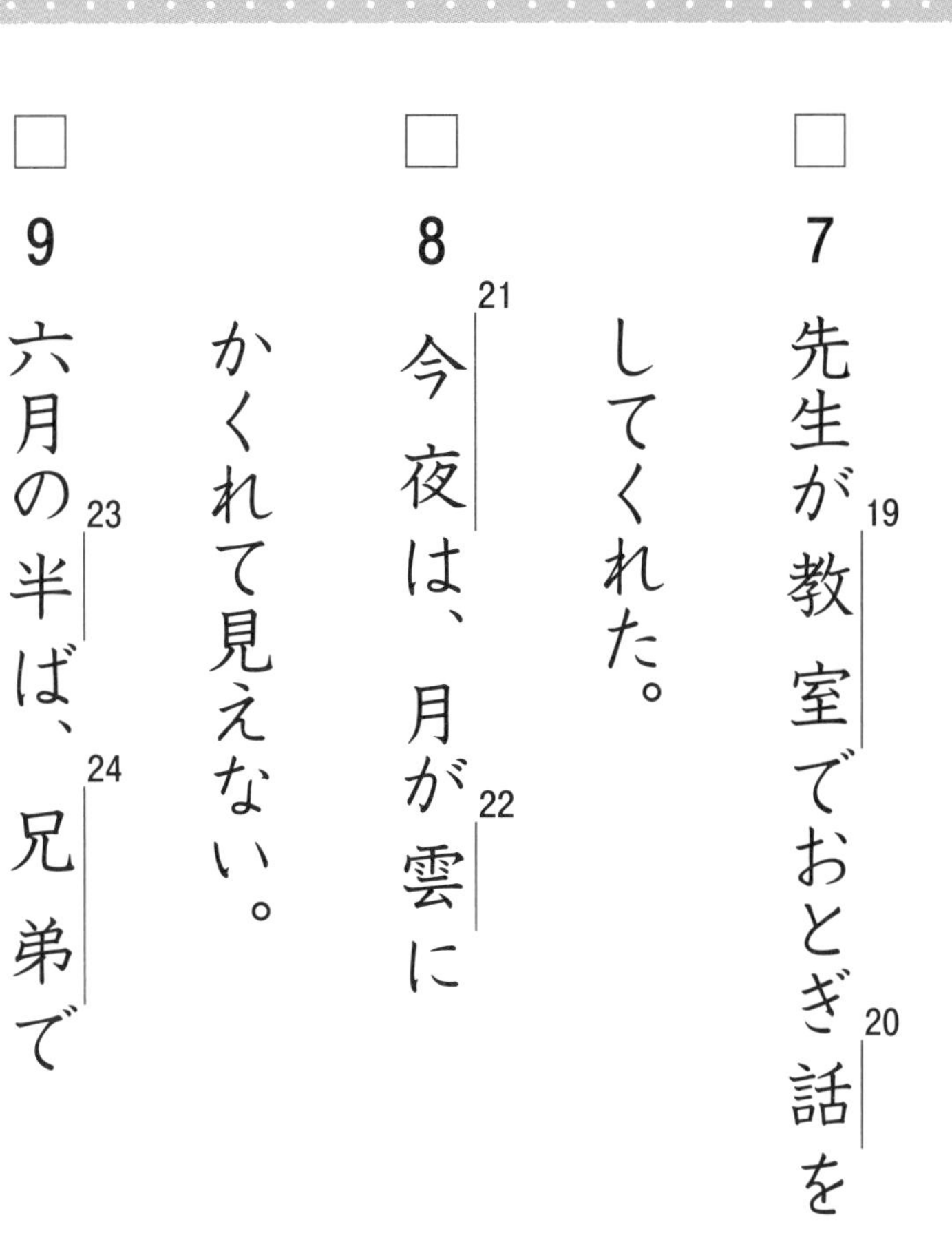

□ 7 先生が教室[19]でおとぎ話[20]をしてくれた。

□ 8 今夜[21]は、月が雲[22]にかくれて見えない。

□ 9 六月の半ば[23]、兄弟[24]でたびに出かけた。

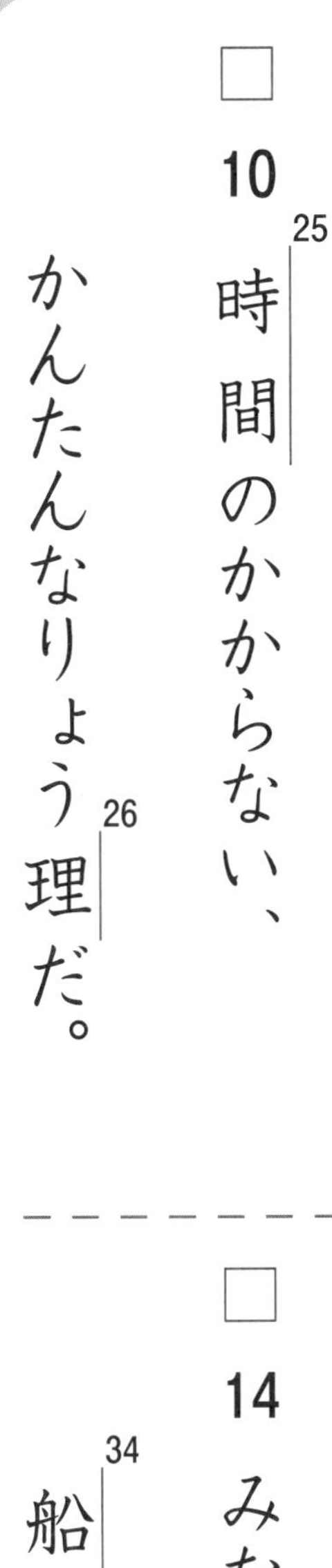

□ 10 時間[25]のかからない、かんたんなりょう理[26]だ。

□ 11 ピアノのリズムにのって、元気[27]におどり、歌[28]う。

□ 12 三才[29]になった、妹[30]がうれしそうにわらう。

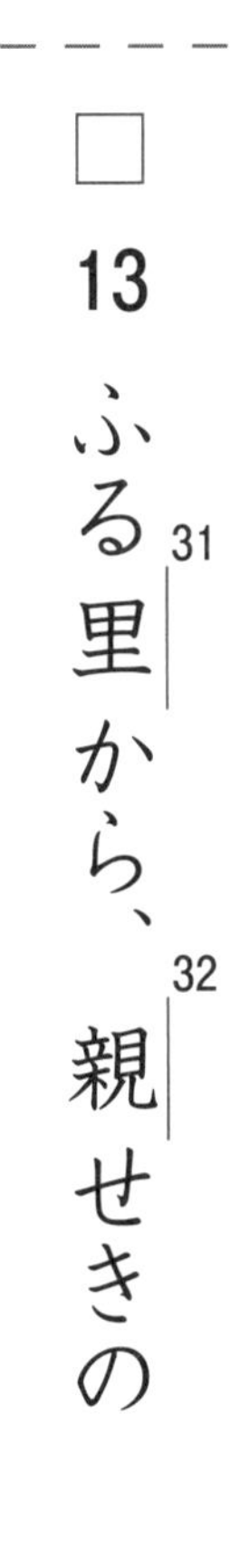

□ 13 ふる里[31]から、親[32]せきの人がたずねてきた。

□ 14 みなとに、外国[33]から来た船[34]がとまっていた。

3 漢字(かん)のよみ ③

合かく 27~34
もう一歩 18~26
がんばれ 0~17
とく点

シール

つぎの——せんの漢字(かん)のよみがなを——せんの右にかきなさい。

1 公園[1]の中にある池[2]で、金魚[3]がかわれている。

2 大工[4]さんが家[5]のやねを直[6]している。

3 お姉[7]さんは、高校[8]に通[9]っている。

4 冬[10]になったら友[11]だちと雪山[12]にのぼりたい。

5 毎[13]ばん、戸[14]じまりと火の元[15]をたしかめる。

6 頭[16]をならべて牛[17]が草原[18]をいどうする。

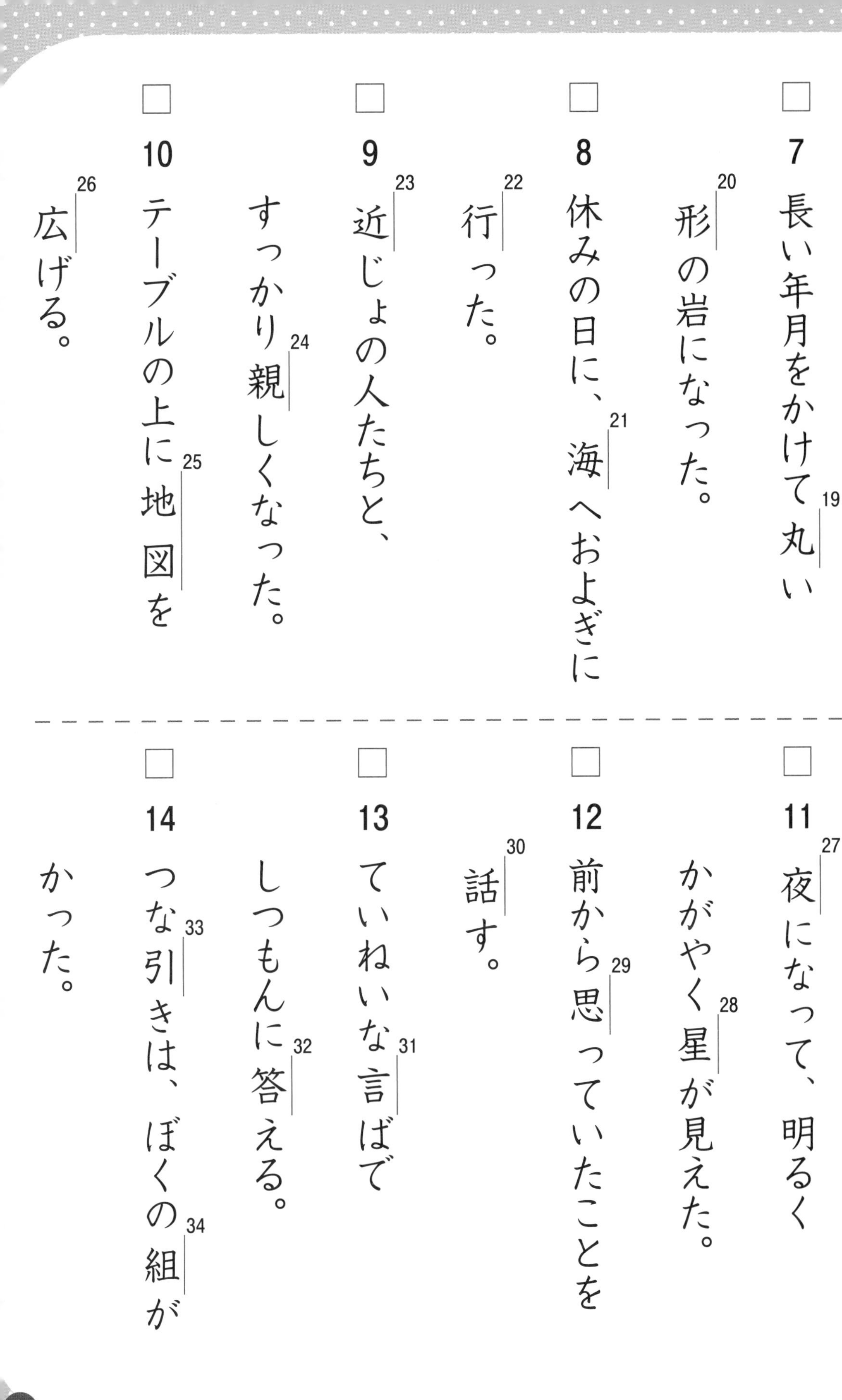

□ 7 長い年月をかけて丸[19]い形[20]の岩になった。

□ 8 休みの日に、海[21]へおよぎに行[22]った。

□ 9 近[23]じょの人たちと、すっかり親[24]しくなった。

□ 10 テーブルの上に地図[25]を広[26]げる。

□ 11 夜[27]になって、明るくかがやく星[28]が見えた。

□ 12 前から思[29]っていたことを話[30]す。

□ 13 ていねいな言[31]ばでしつもんに答[32]える。

□ 14 つな引[33]きは、ぼくの組[34]がかった。

4 漢字のよみ ❹

つぎの——せんの漢字のよみがなを——せんの右にかきなさい。

合かく 27〜34
もう一歩 18〜26
がんばれ 0〜17
とく点

シール

1 首[1]の細[2]い女の人をモデルに絵[3]をかく。

2 晴天[4]なので、太[5]ようの光[6]がとてもまぶしい。

3 夏[7]の海べを、たがいに語[8]り合[9]いながら歩いた。

4 兄[10]はうれしそうに店[11]の当番[12]をしている。

5 体[13]が小さくて、弱[14]そうな犬に牛[15]にゅうをのませる。

6 黄色[16]いかみの毛[17]の人形[18]をもらった。

□ 7 強い[19]風がふいて電線[20]がゆれている。

□ 8 古く[21]てこわれた時計[22]がかべにかかっている。

□ 9 もちをいくつ食べ[23]たか数え[24]てみた。

□ 10 図工[25]のじゅぎょうで、紙ひこうきを作っ[26]た。

□ 11 父は大きくて馬力[27]のある車を買っ[28]た。

□ 12 二十年にもわたって、日記[29]を書き[30]つづけた。

□ 13 もう一回[31]、この本を読ん[32]でみる。

□ 14 その汽車[33]は、国の東西[34]をむすんでいた。

5 漢字のよみ ⑤

つぎの――せんの漢字のよみがなを――せんの右にかきなさい。

□ 1 町の中心[1]から西[2]の方角[3]へむかう。

□ 2 校内[4]マラソン大会[5]があるのは来週[6]だ。

□ 3 多[7]くの人がえい語[8]をべん強[9]している。

□ 4 金曜日[10]に、知[11]り合いの人とお茶[12]をのんだ。

□ 5 市長[13]がかんたんな図を用[14]いてせつ明[15]した。

□ 6 台[16]どころから野[17]さいをきざむ音が聞[18]こえる。

合かく 27~34
もう一歩 18~26
がんばれ 0~17
とく点

シール

□
7 おつかいからの帰り[19]、図書[20]かんによった。

□
8 計算[21]もんだいの答えを黒[22]ばんに書いた。

□
9 今[23]のところ、何[24]もこまったことはない。

□
10 おさらとおはしを後[25]ろの戸[26]だなにしまった。

□
11 ときどき、方言[27]を交[28]えながらしゃべった。

□
12 ねだんが高[29]いので、少[30]しやすくしてもらう。

□
13 電話[31]番ごうを友だちに教[32]えた。

□
14 広い土地[33]を三人のむすこに分[34]ける。

6 漢字(かん)のよみ ❻

つぎの――せんの漢字(かん)のよみがなを――せんの右にかきなさい。

□ 1 画用紙[1]に大きく弓[2]と矢[3]の絵をかいた。

□ 2 友[4]じょうについて考[5]えたことをはつ言[6]する。

□ 3 母[7]はおおらかな心[8]で生活[9]をしている。

□ 4 市場[10]に買いものに来[11]る人が少[12]なくなった。

□ 5 六角形[13]のかきかたを何回[14]も教[15]わる。

□ 6 米[16]だけでなく麦[17]やまめも売[18]っている。

合かく 27~34
もう一歩 18~26
がんばれ 0~17
とく点

シール

□ **7** [19]算数のもんだいを[20]楽しそうにとく。

□ **8** [21]谷ぞこから、つめたい[22]風がふいてきた。

□ **9** [23]岩山に、トンネルを[24]通す工じがはじまった。

□ **10** えき[25]前に立つビルに夕日が[26]当たる。

□ **11** [27]歩道を歩いていたら、先生に[28]会った。

□ **12** テーブルの上に[29]新聞を広げて[30]細かい字を読む。

□ **13** [31]午後から、子どもに[32]昼ねをさせる。

□ **14** [33]秋になれば[34]体ちょうもよくなるだろう。

7 漢字(かん)のかき ①

つぎの□のなかに漢字(かん)をかきなさい。

□ 1 お［1 てら］のかねが、かすかに［2 き］こえる。

□ 2 きりんの［3 くび］は、どうして［4 なが］いのだろう。

□ 3 ［5 たに］［6 ま］に、ゆりの花がさいている。

□ 4 じょうぎをつかって、えんぴつで［7 せん］を［8 ひ］く。

□ 5 ［9 からだ］は［10 ほそ］いけれど、力もちだ。

□ 6 ピアノに［11 あ］わせて、みんなで［12 うた］う。

よく出る

合かく 22~28

もう一歩 15~21

がんばれ 0~14

とく点

シール

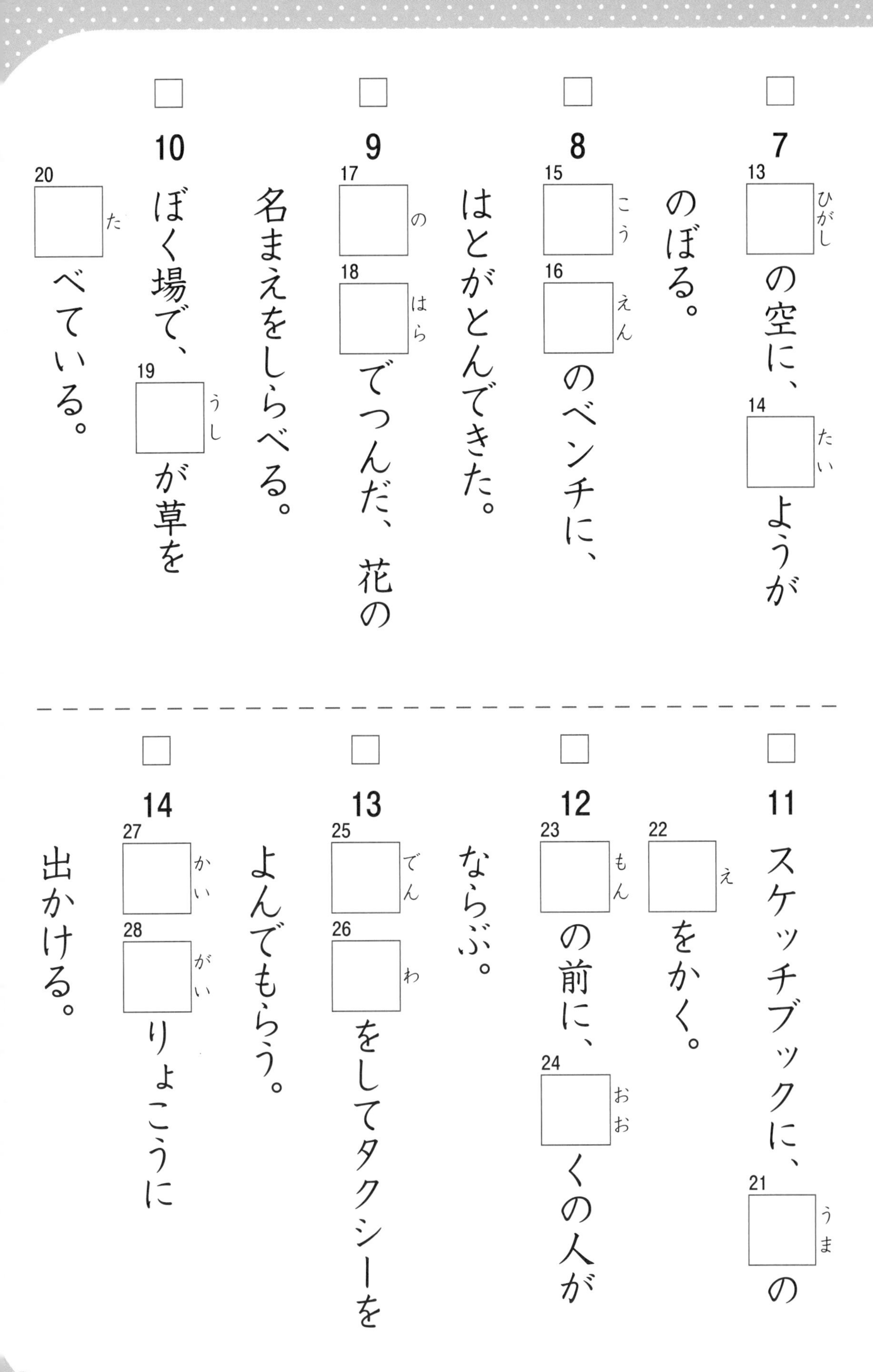

□ **7** 13（ひがし）の空に、14（たい）ようがのぼる。

□ **8** 15（こう）16（えん）のベンチに、はとがとんできた。

□ **9** 17（の）18（はら）でつんだ、花の名まえをしらべる。

□ **10** ぼく場で、19（うし）が草を20（た）べている。

□ **11** スケッチブックに、21（うま）の22（え）をかく。

□ **12** 23（もん）の前に、24（おお）くの人がならぶ。

□ **13** 25（でん）26（わ）をしてタクシーをよんでもらう。

□ **14** 27（かい）28（がい）りょこうに出かける。

8 漢字(かん)のかき 2

よく出る

合かく 22~28
もう一歩 15~21
がんばれ 0~14
とく点

シール

つぎの□のなかに漢字(かん)をかきなさい。

1 [1](き)色の[2](はね)をした、ちょうがとぶ。

2 バスにのって、[3](えん)足に[4](い)った。

3 おり紙で作ったつるを[5](きょう)[6](しつ)にかざった。

---

4 れつの[7](うし)ろの方に[8](まわ)りこむ。

5 わたしの[9](あね)は、[10](こころ)のやさしい人だ。

6 [11](あたら)しくできた[12](みせ)はとてもにぎわっている。

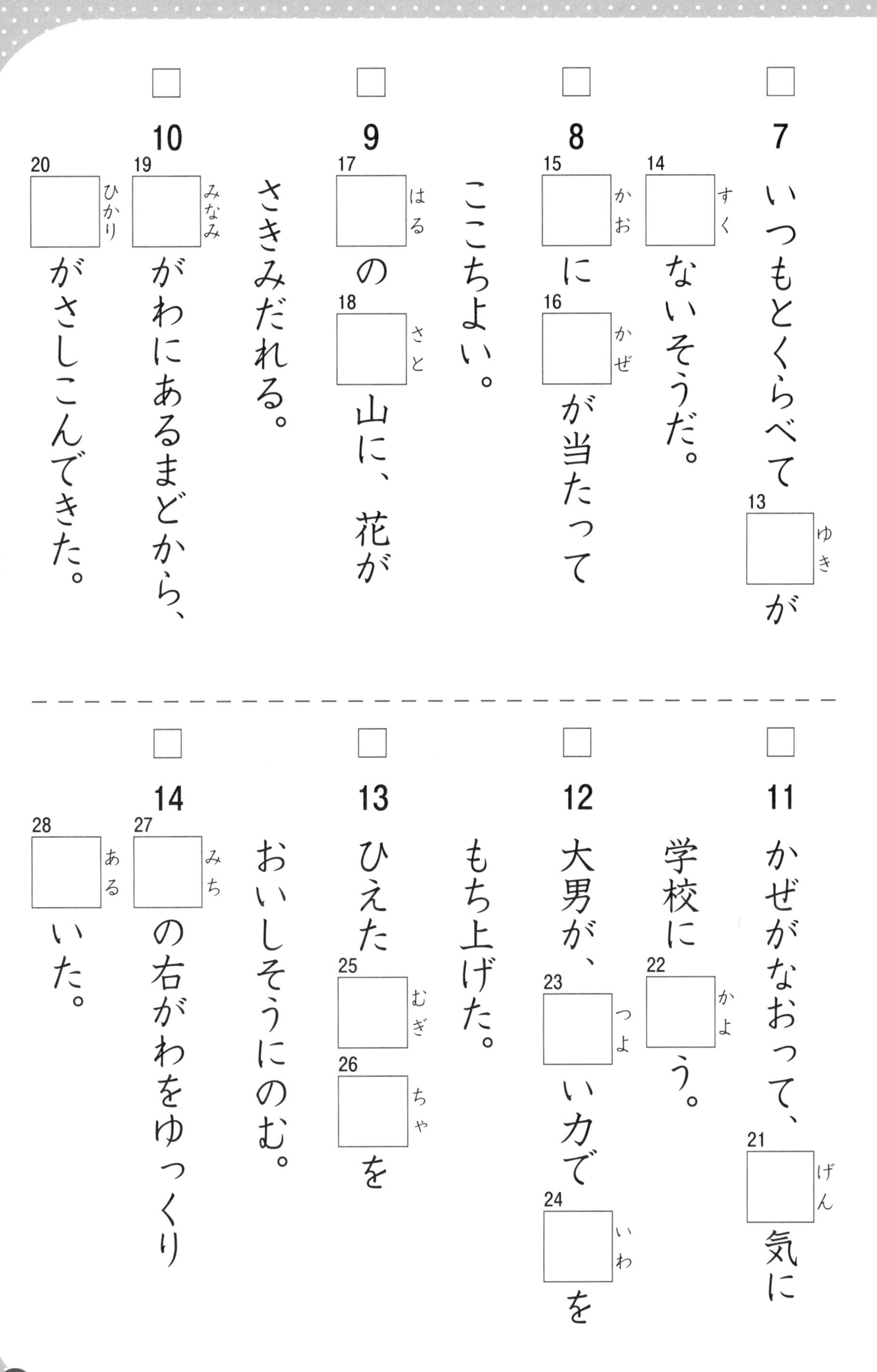

□ **7** いつもとくらべて 13［ゆき］が 14［すく］ないそうだ。

□ **8** 15［かお］に 16［かぜ］が当たって ここちよい。

□ **9** 17［はる］の 18［さと］山に、花が さきみだれる。

□ **10** 19［みなみ］がわにあるまどから、20［ひかり］がさしこんできた。

□ **11** かぜがなおって、21［げん］気に 学校に 22［かよ］う。

□ **12** 大男が、23［つよ］い力で 24［いわ］を もち上げた。

□ **13** ひえた 25［むぎ］26［ちゃ］を おいしそうにのむ。

□ **14** 27［みち］の右がわをゆっくり 28［ある］いた。

9 漢字(かん)のかき ③

つぎの□のなかに漢字(かん)をかきなさい。

合かく 22~28
もう一歩 15~21
がんばれ 0~14
とく点

シール

1 [1](いえ)に[2](かえ)ると中で雨にふられた。

2 えき[3](まえ)の[4](ひろ)場でまち合わせる。

3 [5](ふる)い[6](と)がガタガタとゆれた。

4 目じるしを正しく、[7](にし)むきに[8](なお)す。

5 [9](と)[10](しょ)かんに本をかえす。

6 雨がやんで、[11](ひる)からは[12](は)れそうだ。

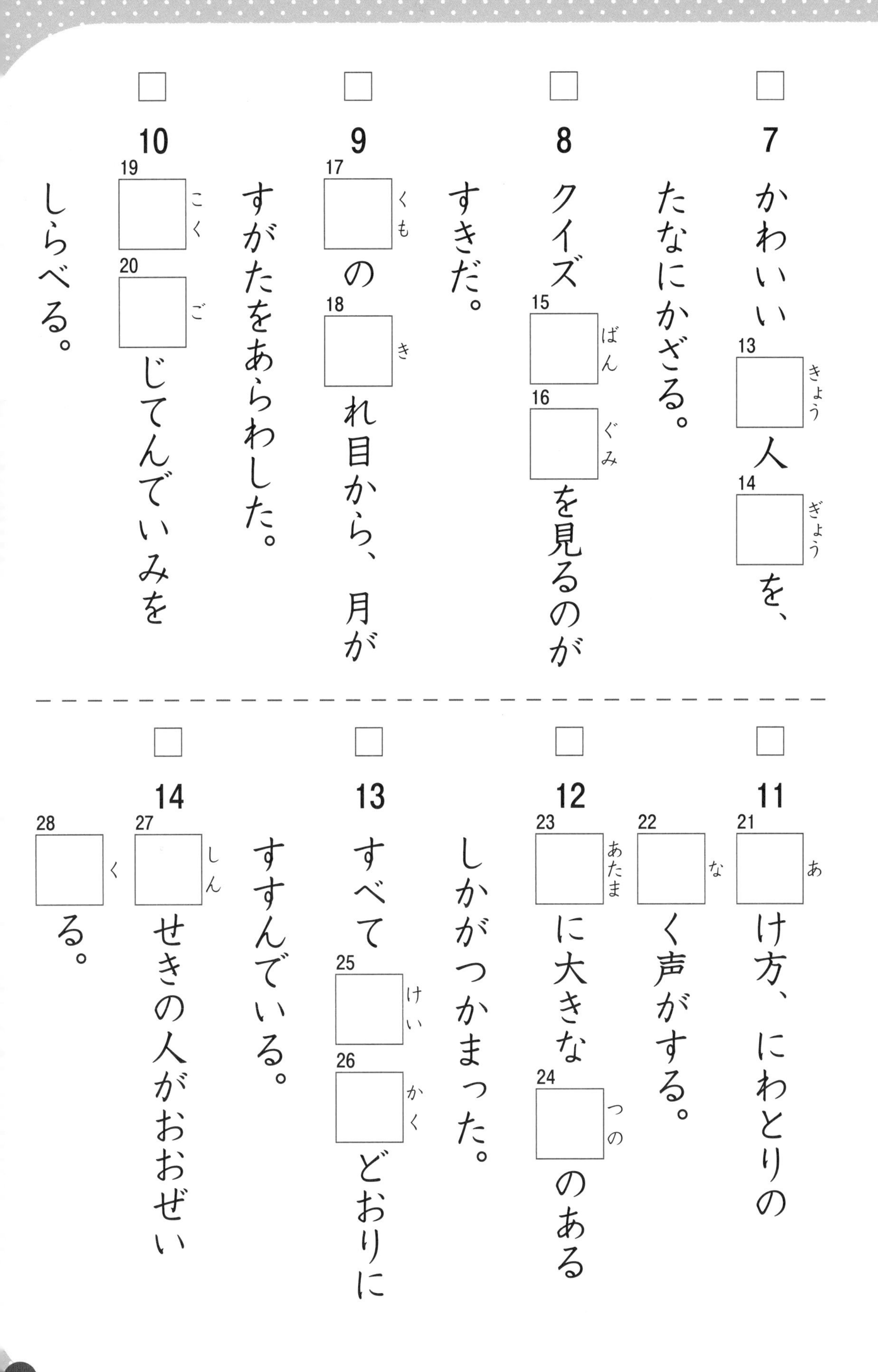

□ **7** かわいい 13□（きょう）人 14□（ぎょう）を、たなにかざる。

□ **8** クイズ 15□（ばん）16□（ぐみ）を見るのがすきだ。

□ **9** 17□（くも）の 18□（き）れ目から、月がすがたをあらわした。

□ **10** 19□（こく）20□（ご）じてんでいみをしらべる。

□ **11** 21□（あ）け方、にわとりの 22□（な）く声がする。

□ **12** 23□（あたま）に大きな 24□（つの）のあるしかがつかまった。

□ **13** すべて 25□（けい）26□（かく）どおりにすすんでいる。

□ **14** 27□（しん）せきの人がおおぜい 28□（く）る。

10 漢字(かん)のかき ④

つぎの□のなかに漢字(かん)をかきなさい。

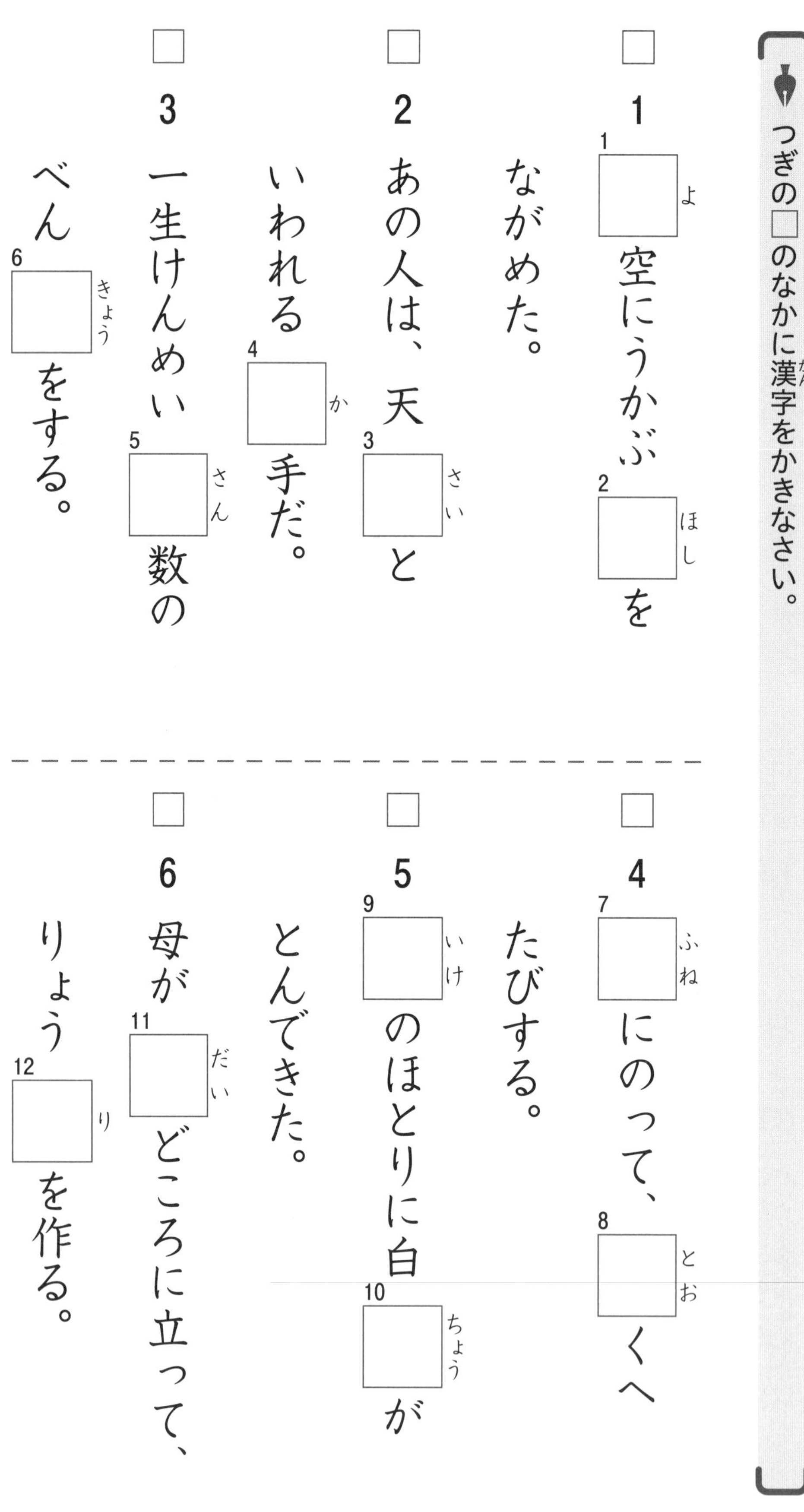

□ 1 □1(よ)空にうかぶ□2(ほし)をながめた。

□ 2 あの人は、天□3(さい)といわれる□4(か)手だ。

□ 3 一生けんめい□5(さん)数のべん□6(きょう)をする。

□ 4 □7(ふね)にのって、□8(とお)くへたびする。

□ 5 □9(いけ)のほとりに白□10(ちょう)がとんできた。

□ 6 母が□11(だい)どころに立って、りょう□12(り)を作る。

合かく 22~28

もう一歩 15~21

がんばれ 0~14

とく点

シール

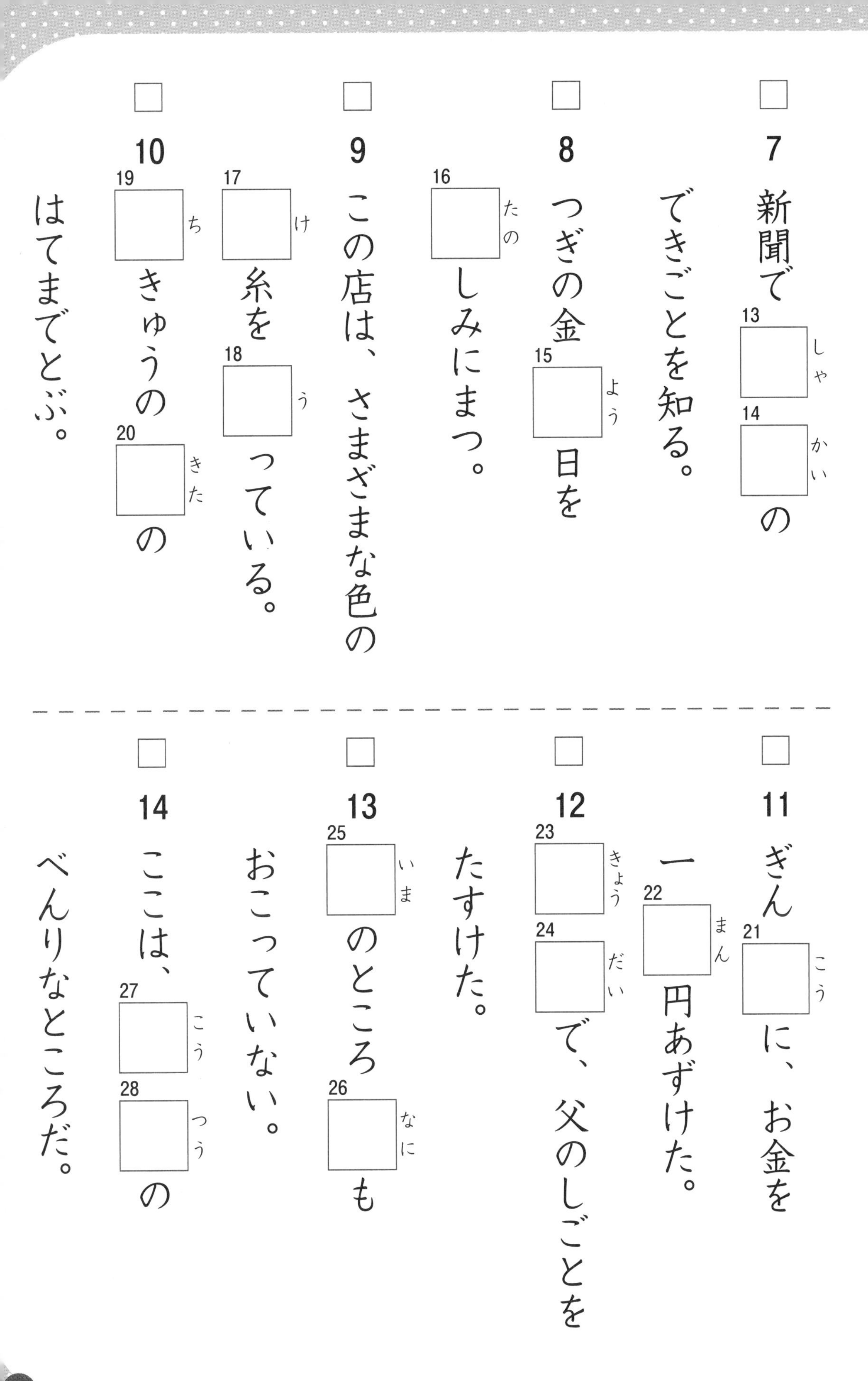

□ 7 新聞で□13（しゃ）□14（かい）のできごとを知る。

□ 8 つぎの金□15（よう）日を□16（たの）しみにまつ。

□ 9 この店は、さまざまな色の□17（け）糸を□18（う）っている。

□ 10 □19（ち）きゅうの□20（きた）のはてまでとぶ。

□ 11 ぎん□21（こう）に、お金を一□22（まん）円あずけた。

□ 12 □23（きょう）□24（だい）で、父のしごとをたすけた。

□ 13 □25（いま）のところ□26（なに）もおこっていない。

□ 14 ここは、□27（こう）□28（つう）のべんりなところだ。

11 漢字（かん）のかき 5

つぎの□のなかに漢字（かん）をかきなさい。

□ 1 ジュースを［1 はん］［2 ぶん］だけのんだ。

□ 2 とれたての［3 や］さいを［4 ちょう］食に出す。

□ 3 車は［5 おな］じ［6 ほう］こうにむかってすすんだ。

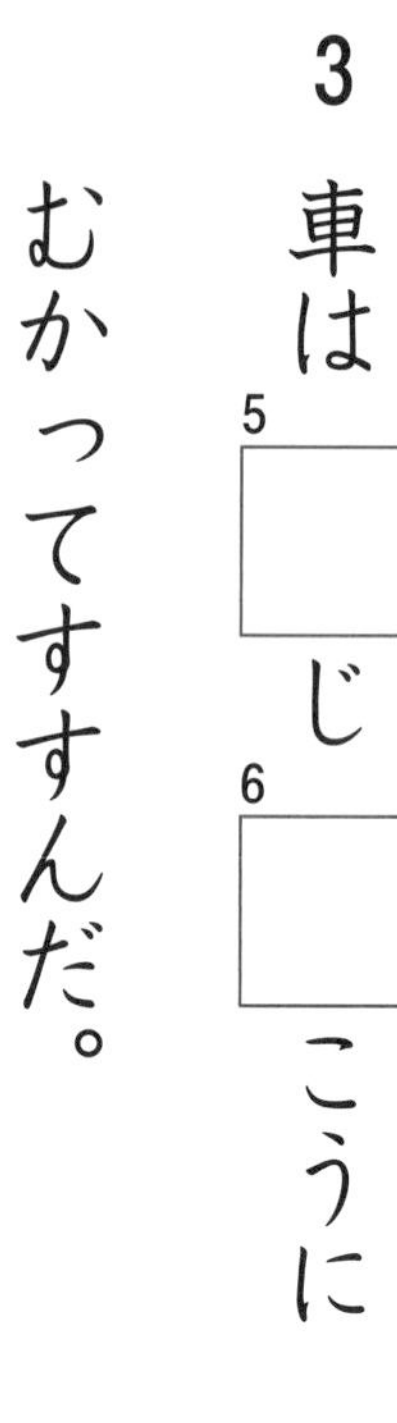

□ 4 ［7 おや］を大［8 せつ］にする気もちをそだてる。

□ 5 ［9 ご］［10 ご］になって、雨がはげしくなった。

□ 6 ［11 かみ］くずを［12 まる］めてごみばこにすてた。

合かく 22~28

もう一歩 15~21

がんばれ 0~14

とく点

シール

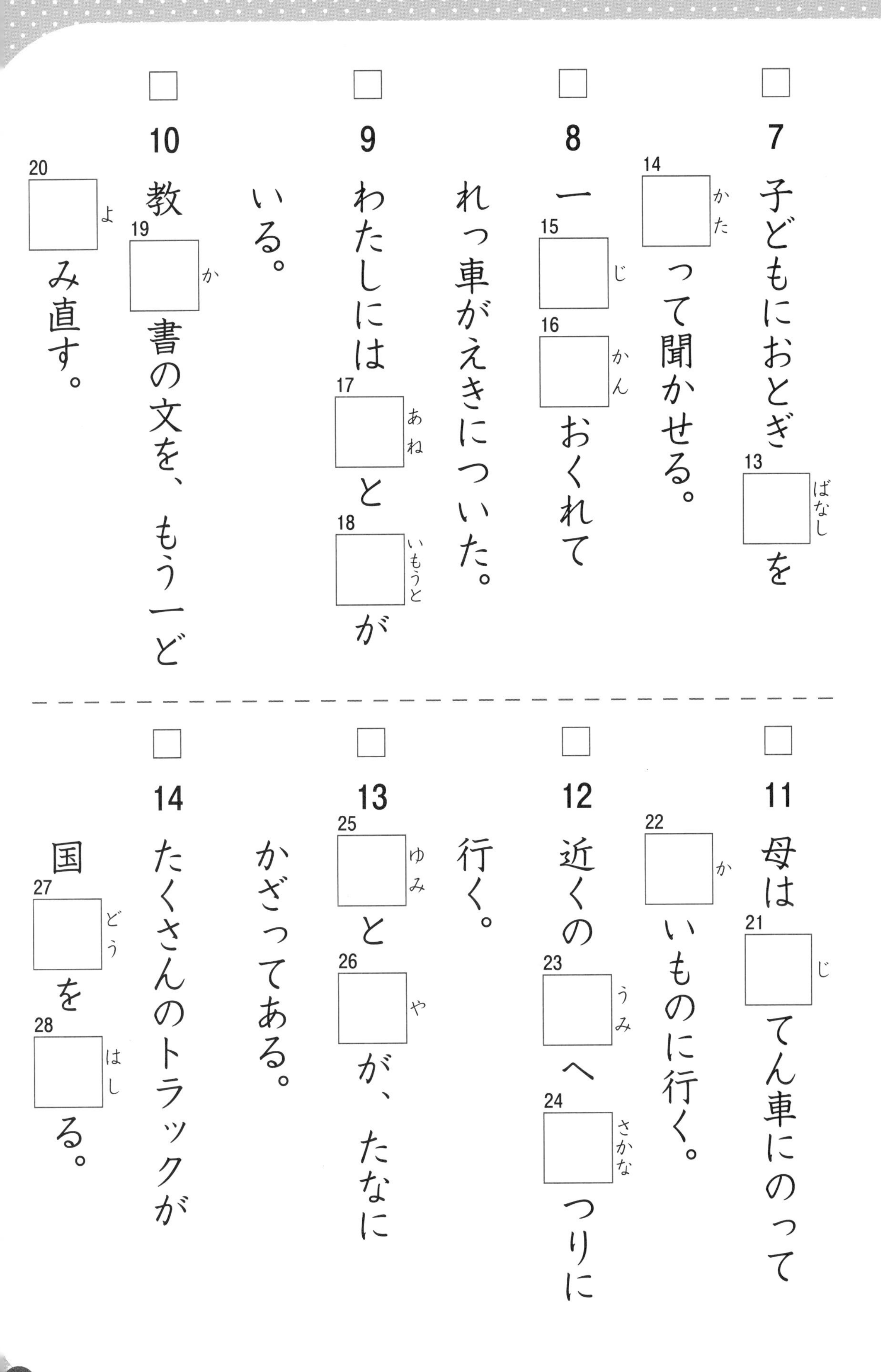

□ 7 子どもにおとぎ［13 ばなし］を［14 かた］って聞かせる。

□ 8 一［15 じ］［16 かん］おくれてれっ車がえきについた。

□ 9 わたしには［17 あね］と［18 いもうと］がいる。

□ 10 教［19 か］書の文を、もう一ど［20 よ］み直す。

□ 11 母は［21 じ］てん車にのって［22 か］いものに行く。

□ 12 近くの［23 うみ］へ［24 さかな］つりに行く。

□ 13 ［25 ゆみ］と［26 や］が、たなにかざってある。

□ 14 たくさんのトラックが国［27 どう］を［28 はし］る。

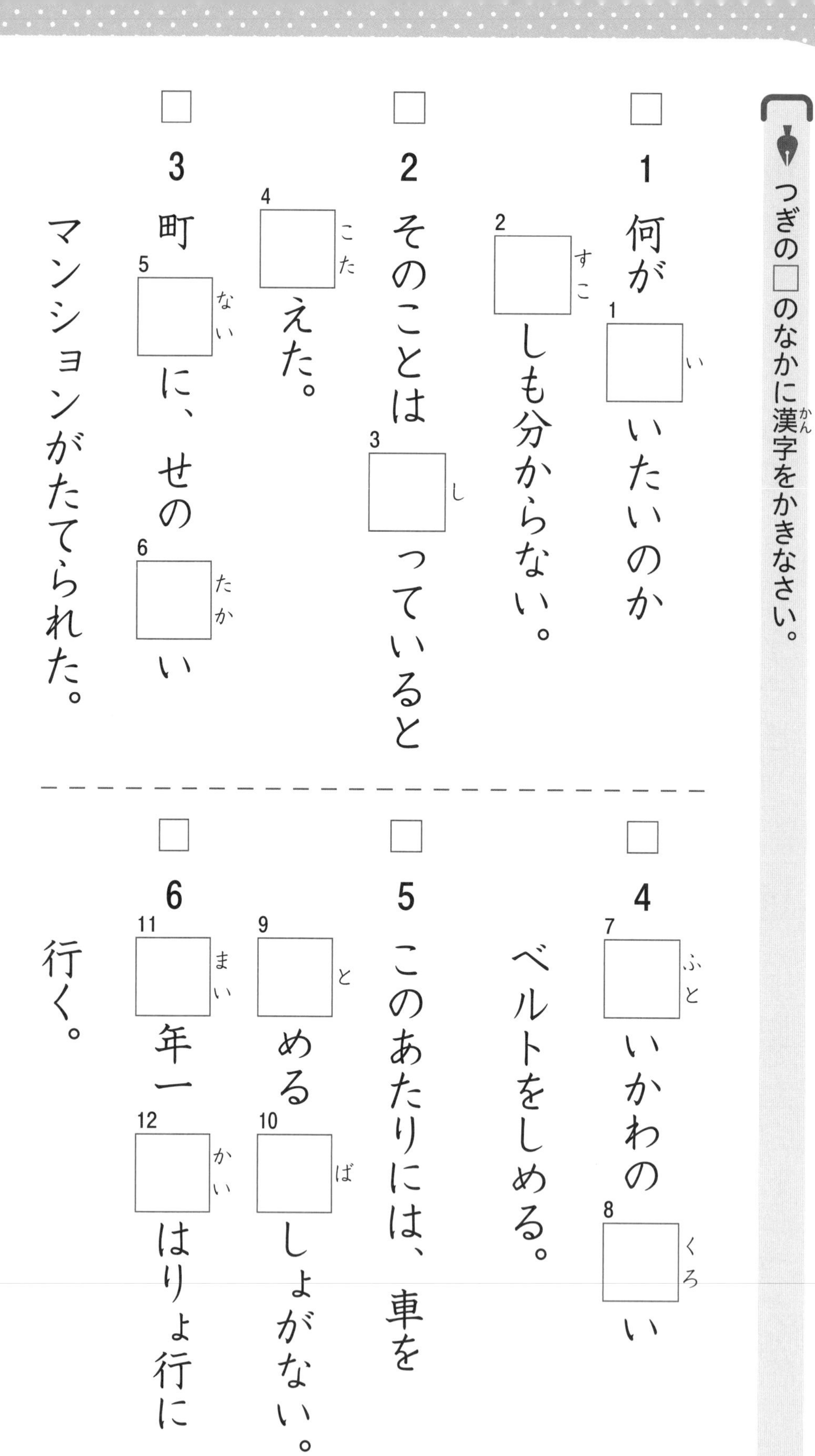

12 漢字(かん)のかき 6

つぎの□のなかに漢字(かん)をかきなさい。

□ 1 何が［1 い］いたいのか［2 すこ］しも分からない。

□ 2 そのことは［3 し］っていると［4 こた］えた。

□ 3 町［5 ない］に、せの［6 たか］いマンションがたてられた。

□ 4 ［7 ふと］いかわの［8 くろ］いベルトをしめる。

□ 5 このあたりには、車を［9 と］める［10 ば］しょがない。

□ 6 ［11 まい］年一［12 かい］はりょ行に行く。

合かく 22~28

もう一歩 15~21

がんばれ 0~14

とく点

シール

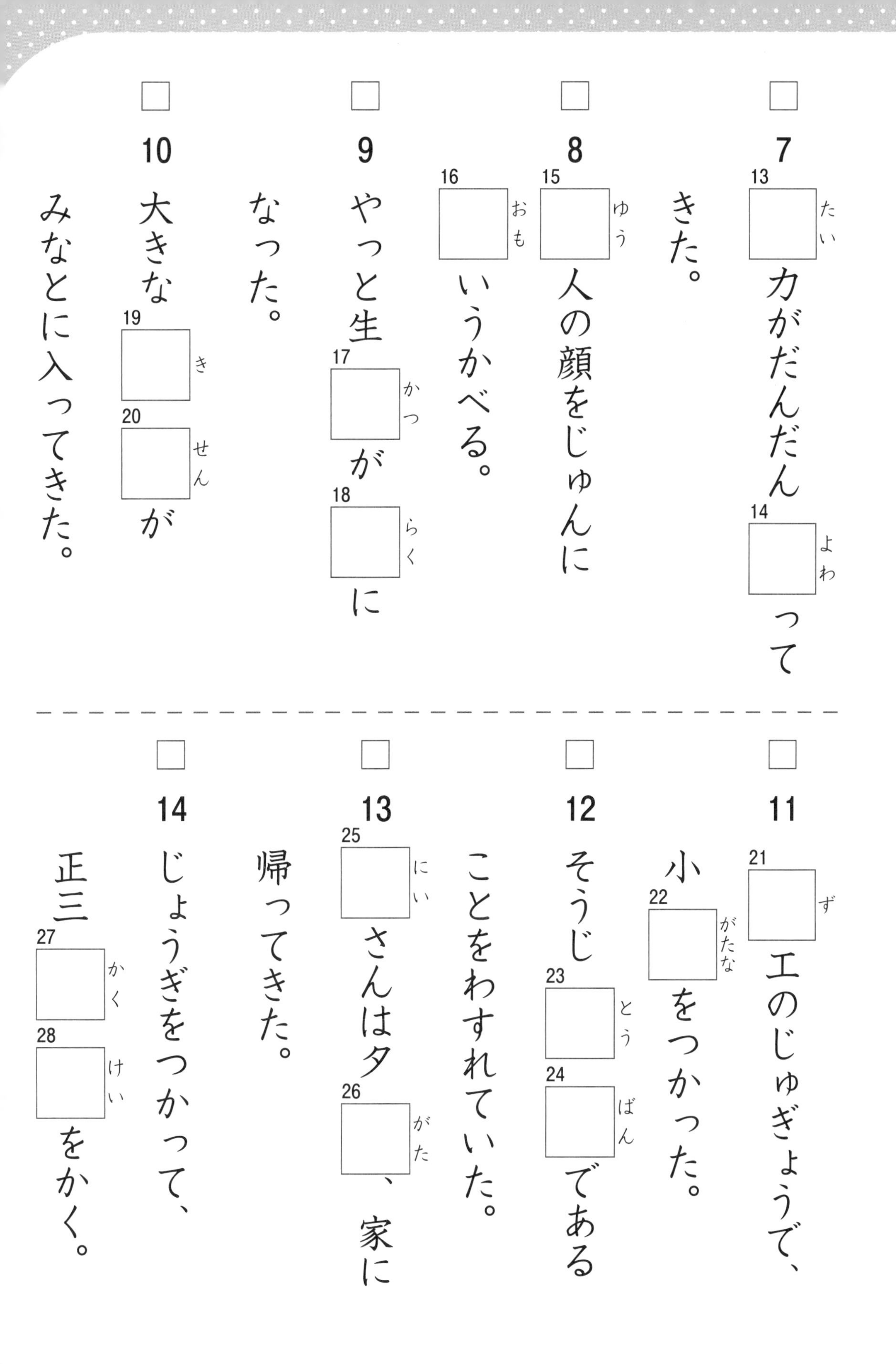

□ **7** [13]（たい）力がだんだん[14]（よわ）って
きた。

□ **8** [15]（ゆう）人の顔をじゅんに
[16]（おも）いうかべる。

□ **9** やっと生[17]（かつ）が[18]（らく）に
なった。

□ **10** 大きな[19]（き）[20]（せん）が
みなとに入ってきた。

□ **11** [21]（ず）工のじゅぎょうで、
小[22]（がたな）をつかった。

□ **12** そうじ[23]（とう）[24]（ばん）である
ことをわすれていた。

□ **13** [25]（にい）さんは夕[26]（がた）、家に
帰ってきた。

□ **14** じょうぎをつかって、
正三[27]（かく）[28]（けい）をかく。

13 漢字（かん）のかき ⑦

つぎの□のなかに漢字（かん）をかきなさい。

□ **1** □1（こく）ばんにチョークで字を□2（か）いた。

□ **2** 公園で□3（とり）の鳴き□4（ごえ）がする。

□ **3** □5（あき）がふかまるにつれ、木の葉（は）が□6（いろ）づいてきた。

□ **4** □7（あさ）から□8（こま）かい雨がふりつづいている。

□ **5** テニスのし合が□9（らい）□10（しゅう）からはじまる。

□ **6** □11（じ）分の□12（かんが）えを、はっきりと話す。

合かく 22~28
もう一歩 15~21
がんばれ 0~14
とく点

シール

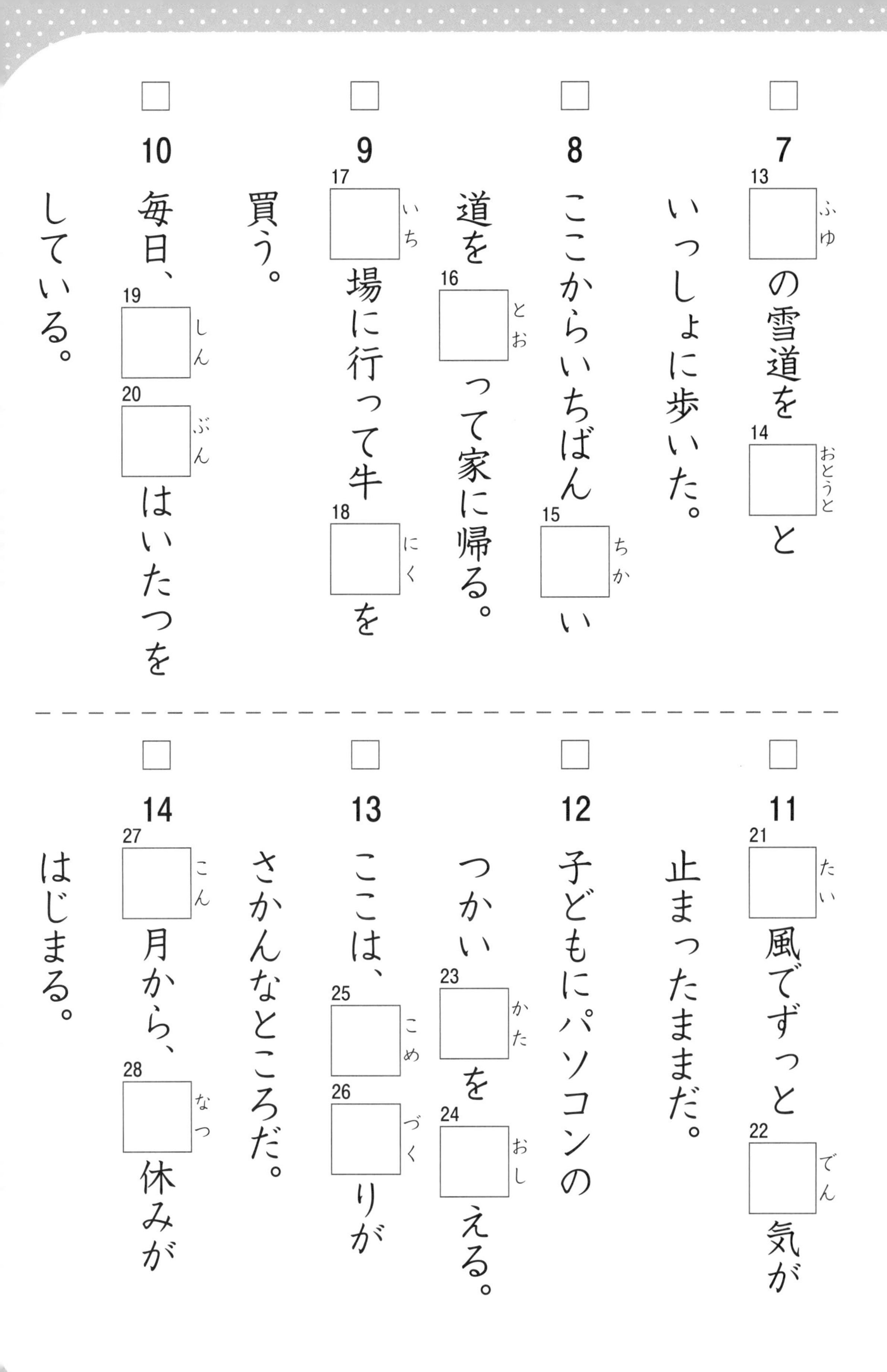

□ 7 □13(ふゆ)の雪道を□14(おとうと)と
いっしょに歩いた。

□ 8 ここからいちばん□15(ちか)い
道を□16(とお)って家に帰る。

□ 9 □17(いち)場に行って牛□18(にく)を
買う。

□ 10 毎日、□19(しん)□20(ぶん)はいたつを
している。

□ 11 □21(たい)風でずっと□22(でん)気が
止まったままだ。

□ 12 子どもにパソコンの
つかい□23(かた)を□24(おし)える。

□ 13 ここは、□25(こめ)□26(づく)りが
さかんなところだ。

□ 14 □27(こん)月から、□28(なつ)休みが
はじまる。

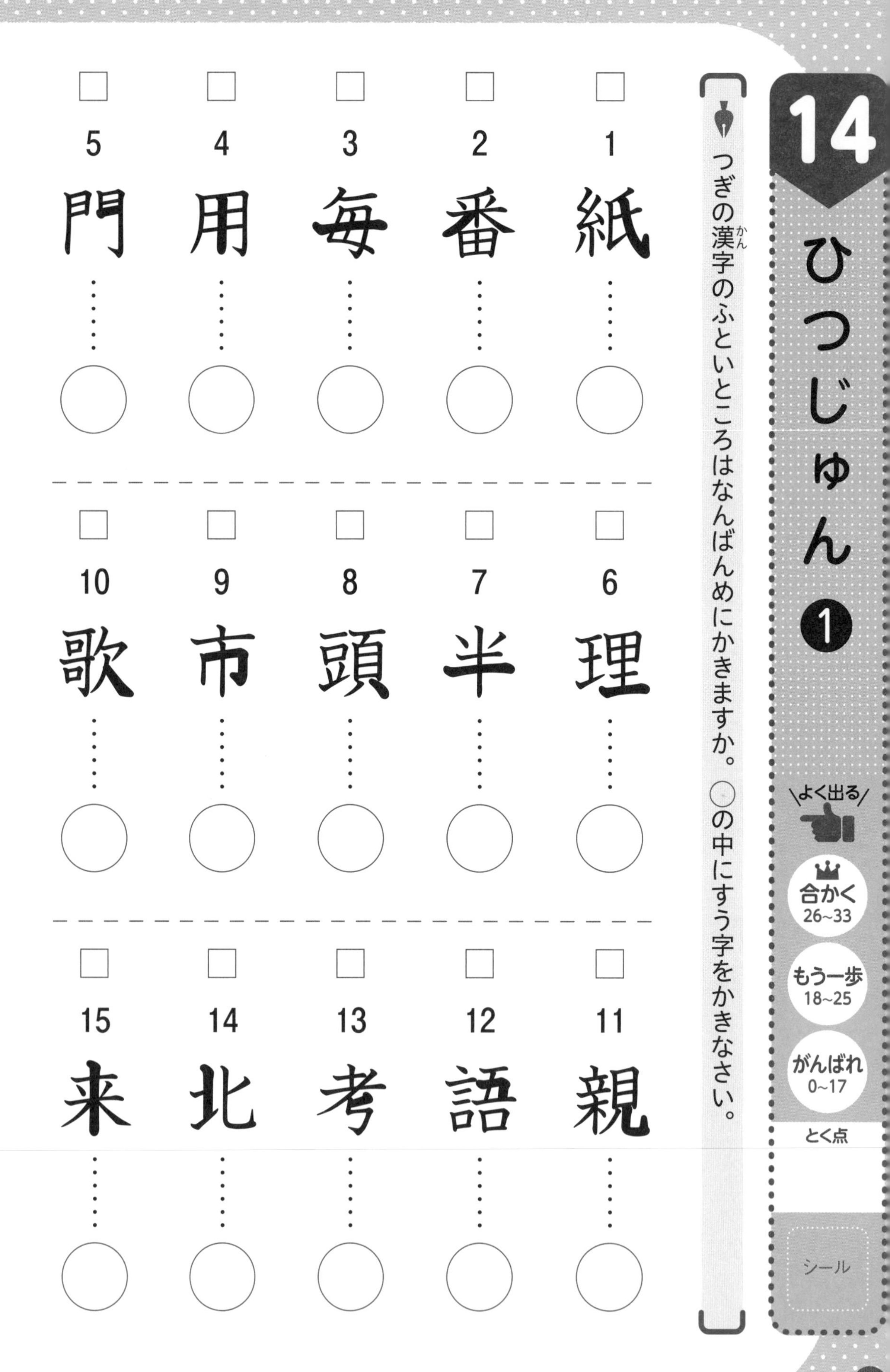

14 ひつじゅん ①

つぎの漢字（かん）のふといところはなんばんめにかきますか。〇の中にすう字をかきなさい。

1 紙 …… 〇
2 番 …… 〇
3 毎 …… 〇
4 用 …… 〇
5 門 …… 〇
6 理 …… 〇
7 半 …… 〇
8 頭 …… 〇
9 市 …… 〇
10 歌 …… 〇
11 親 …… 〇
12 語 …… 〇
13 考 …… 〇
14 北 …… 〇
15 来 …… 〇

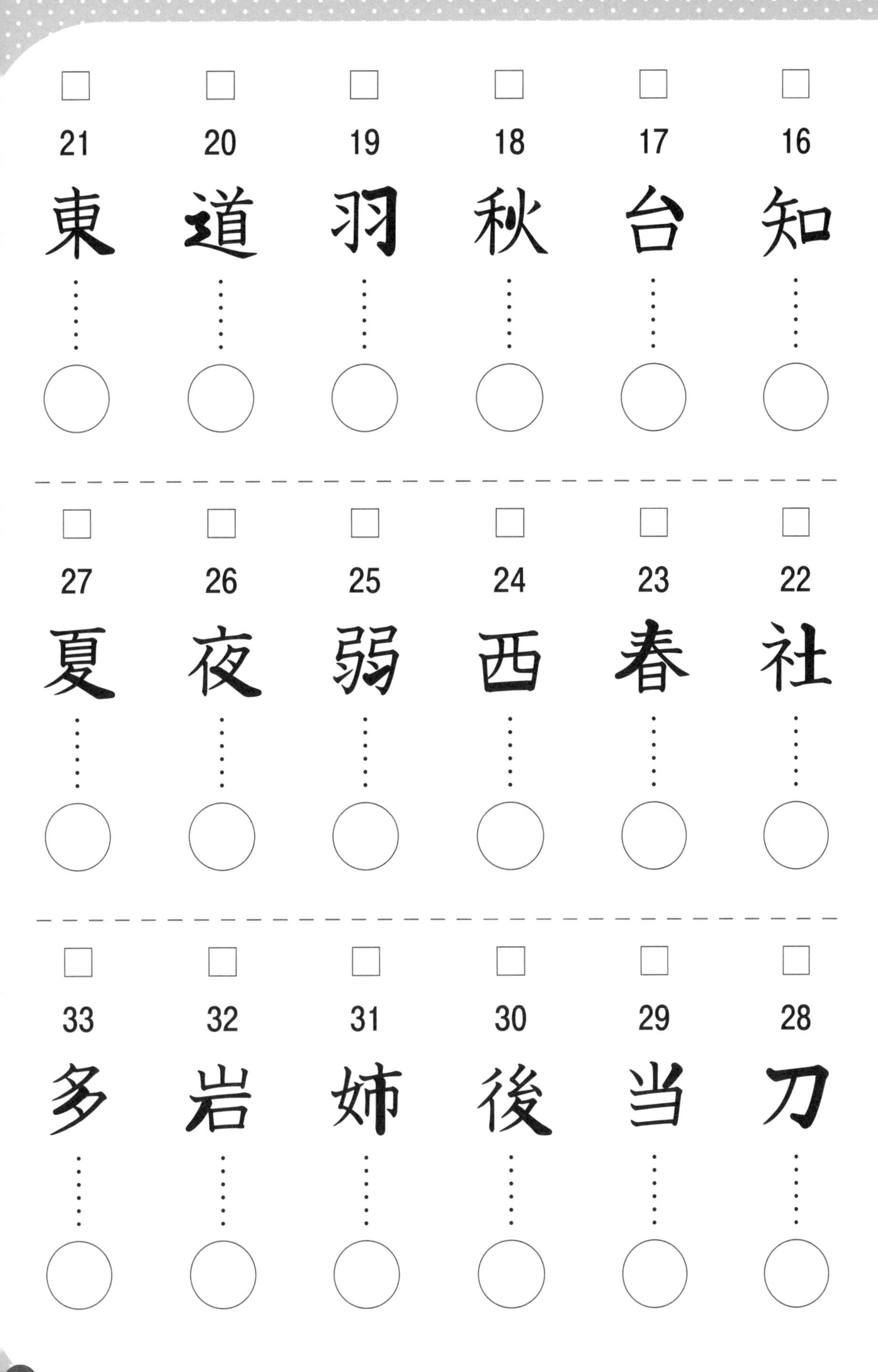
16 知
17 台
18 秋
19 羽
20 道
21 東
22 社
23 春
24 西
25 弱
26 夜
27 夏
28 刀
29 当
30 後
31 姉
32 岩
33 多

15 ひつじゅん ②

つぎの漢字のふといところはなんばんめにかきますか。◯の中にすう字をかきなさい。

1	2	3	4	5
公	弟	同	画	買

6	7	8	9	10
帰	形	活	角	黄

11	12	13	14	15
記	国	首	組	雲

合かく 26~33
もう一歩 18~25
がんばれ 0~17
とく点

シール

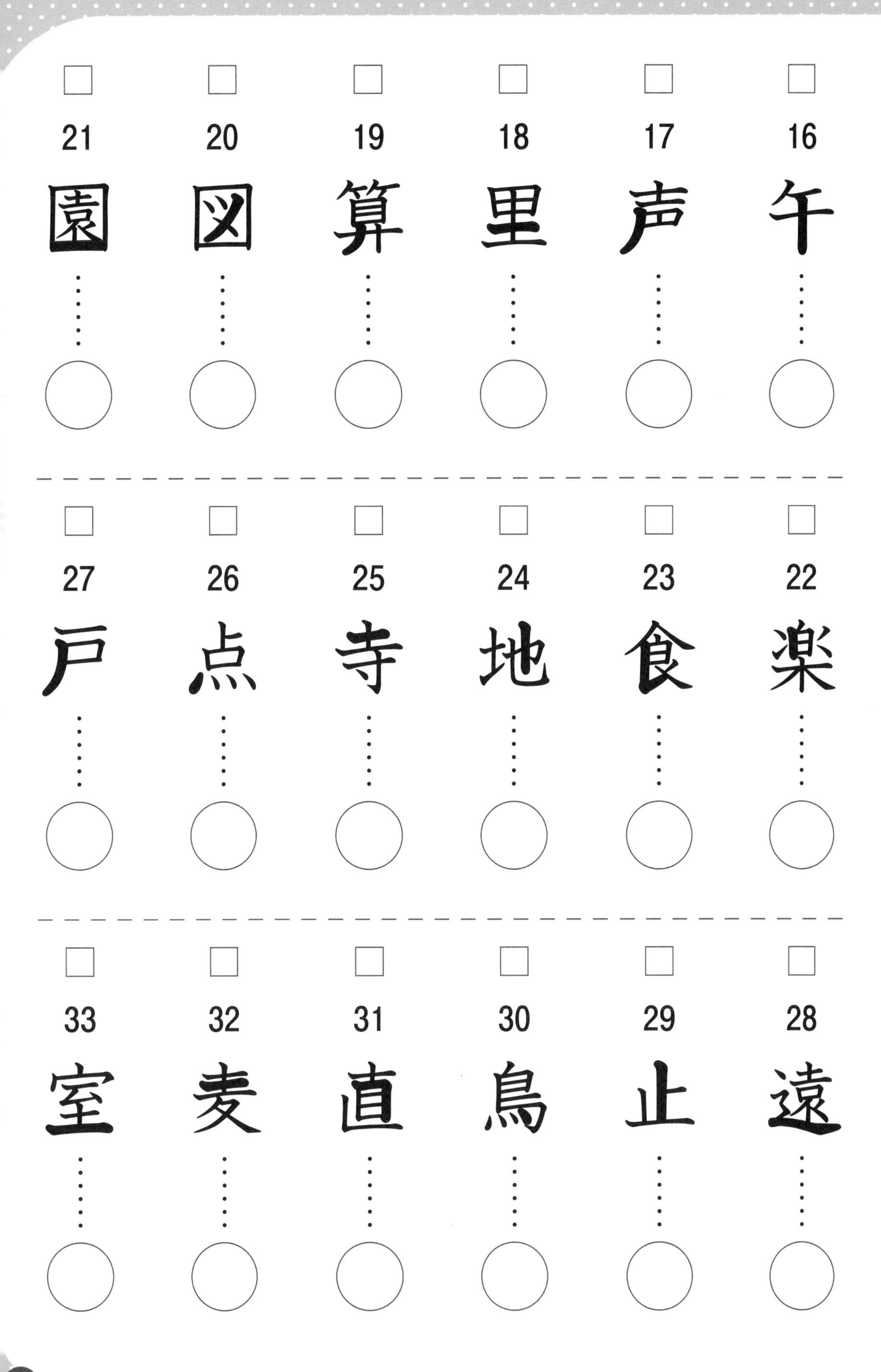
16 午
17 声
18 里
19 算
20 図
21 園
22 楽
23 食
24 地
25 寺
26 点
27 戸
28 遠
29 止
30 鳥
31 直
32 麦
33 室

16 音よみとくんよみ ①

よく出る

合かく 22~28
もう一歩 15~21
がんばれ 0~14
とく点

シール

つぎの――せんの漢字(かん)のよみがなを――せんの右にかきなさい。

1 午前六時におきる。
2 えきの前でまつ。
3 しずかに音楽をきく。
4 スキーに行くのが楽しみだ。
5 はじめて新かん線にのる。
6 新しいくつをはく。

7 教室をそうじする。
8 子どもにピアノを教える。
9 王さまが馬車にのる。
10 馬の親子が走っている。
11 ドアが半分ひらいている。
12 おやつを三人で分ける。

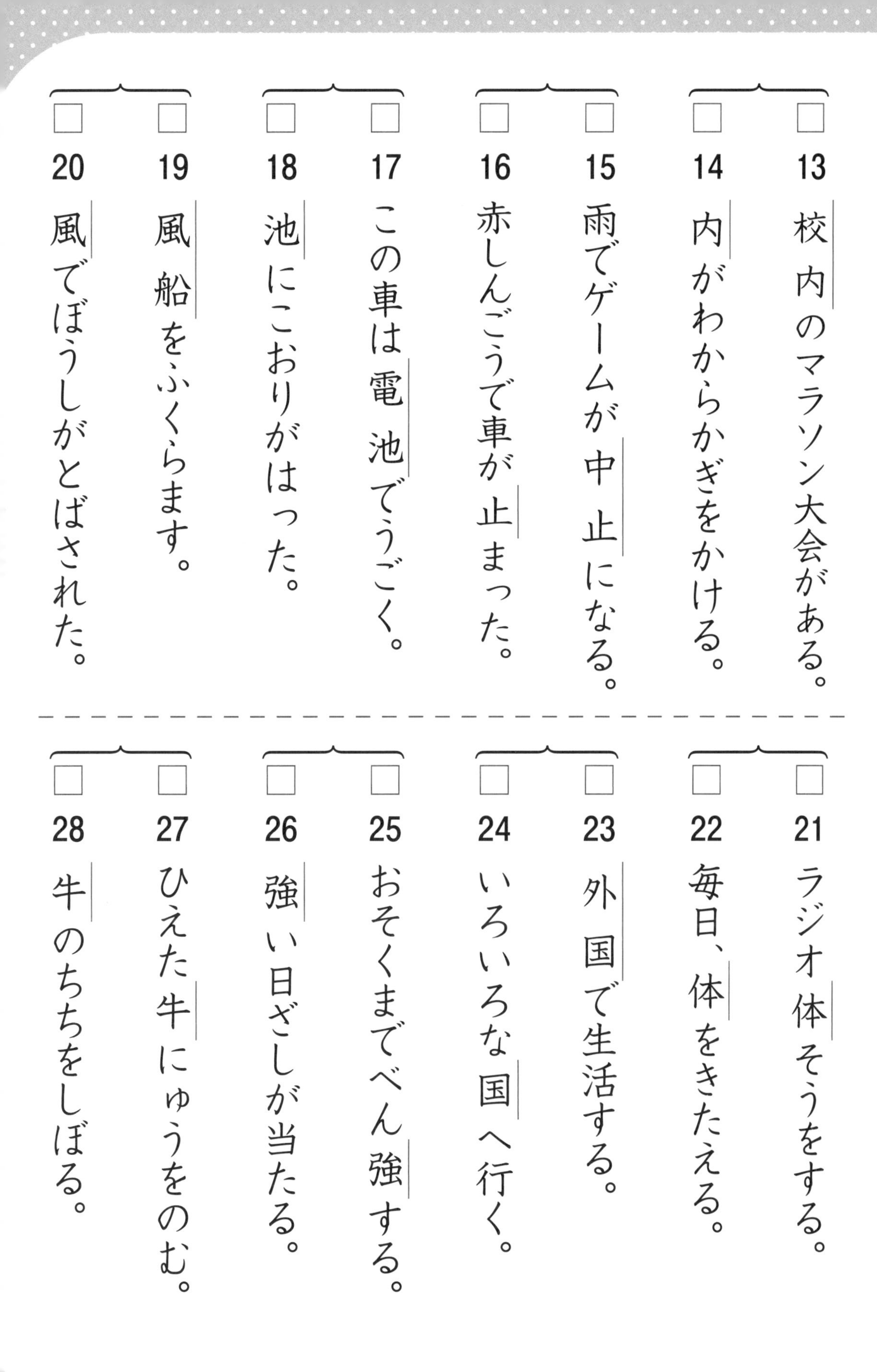

13 校内のマラソン大会がある。
14 内がわからかぎをかける。
15 雨でゲームが中止になる。
16 赤しんごうで車が止まった。
17 この車は電池でうごく。
18 池にこおりがはった。
19 風船をふくらます。
20 風でぼうしがとばされた。

21 ラジオ体そうをする。
22 毎日、体をきたえる。
23 外国で生活する。
24 いろいろな国へ行く。
25 おそくまでべん強する。
26 強い日ざしが当たる。
27 ひえた牛にゅうをのむ。
28 牛のちちをしぼる。

17 音よみとくんよみ ②

合かく 22~28
もう一歩 15~21
がんばれ 0~14
とく点

シール

つぎの――せんの漢字(かん)のよみがなを――せんの右にかきなさい。

1 犬をさん歩につれていく。
2 川にそってゆっくり歩く。
3 ぼくの家ぞくは四人だ。
4 家でパーティーをひらく。
5 算数のもんだいをとく。
6 一から十まで数える。
7 夕食のじゅんびをする。
8 おなかいっぱい食べる。
9 工作でのりをつかう。
10 紙ひこうきを作る。
11 四角いはこに入れる。
12 つぎの角を左にまがる。

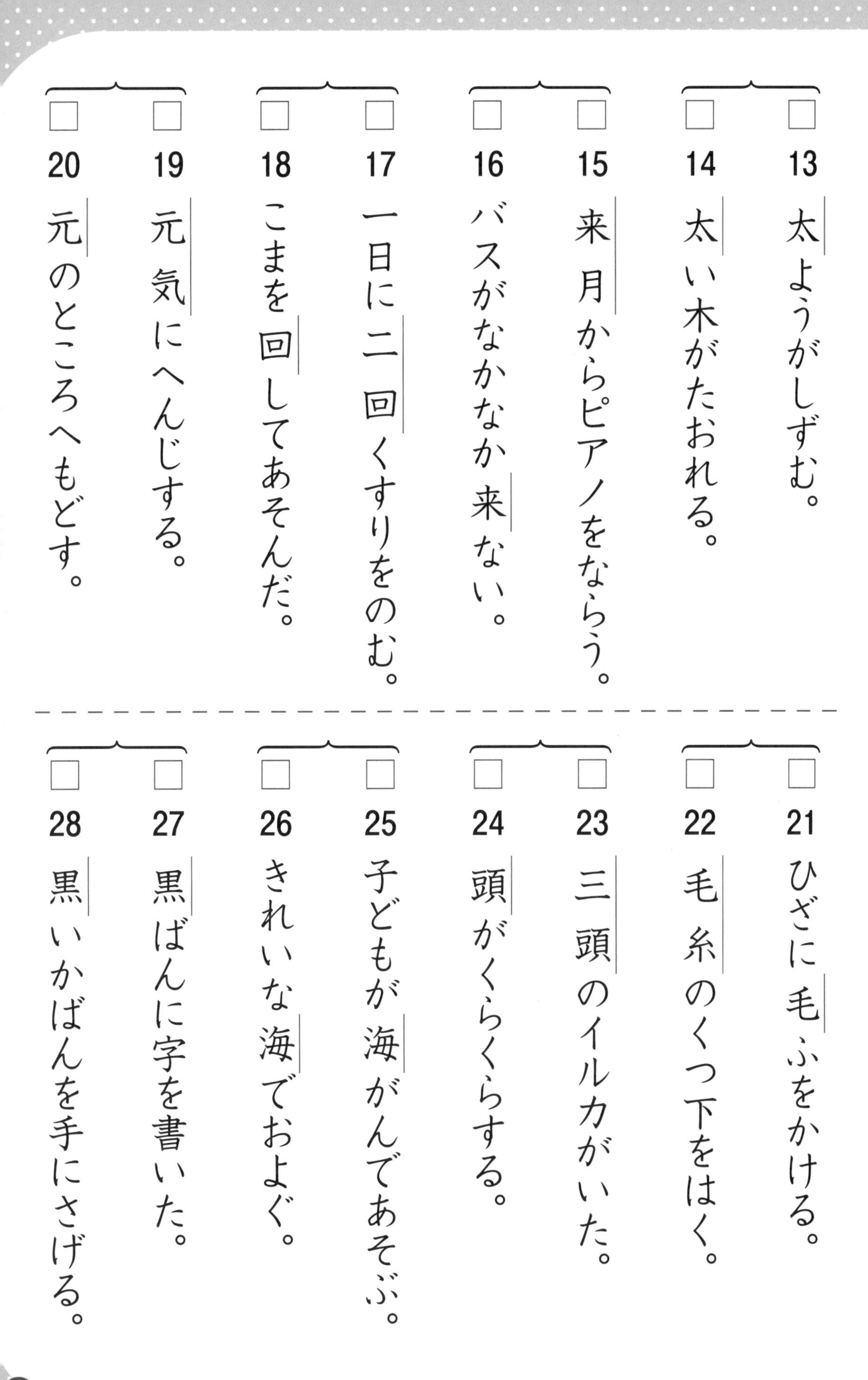

13 太ようがしずむ。

14 太い木がたおれる。

15 来月からピアノをならう。

16 バスがなかなか来ない。

17 一日に二回くすりをのむ。

18 こまを回してあそんだ。

19 元気にへんじする。

20 元のところへもどす。

21 ひざに毛ふをかける。

22 毛糸のくつ下をはく。

23 三頭のイルカがいた。

24 頭がくらくらする。

25 子どもが海がんであそぶ。

26 きれいな海でおよぐ。

27 黒ばんに字を書いた。

28 黒いかばんを手にさげる。

18 音よみとくんよみ ③

つぎの――せんの漢字(かん)のよみがなを――せんの右にかきなさい。

1 親せきの人がたずねてきた。

2 ドアに親ゆびをはさむ。

3 ここは町の中心ぶだ。

4 心をこめたおくりものをする。

5 校歌のれんしゅうをする。

6 みんなでいっしょに歌う。

7 コンサート会場をさがす。

8 おじさんとえきで会う。

9 本を大切にあつかう。

10 ゆびのつめを切る。

11 今月はさむい日が多かった。

12 今にも雨がふりそうだ。

合かく 22~28

もう一歩 15~21

がんばれ 0~14

とく点

シール

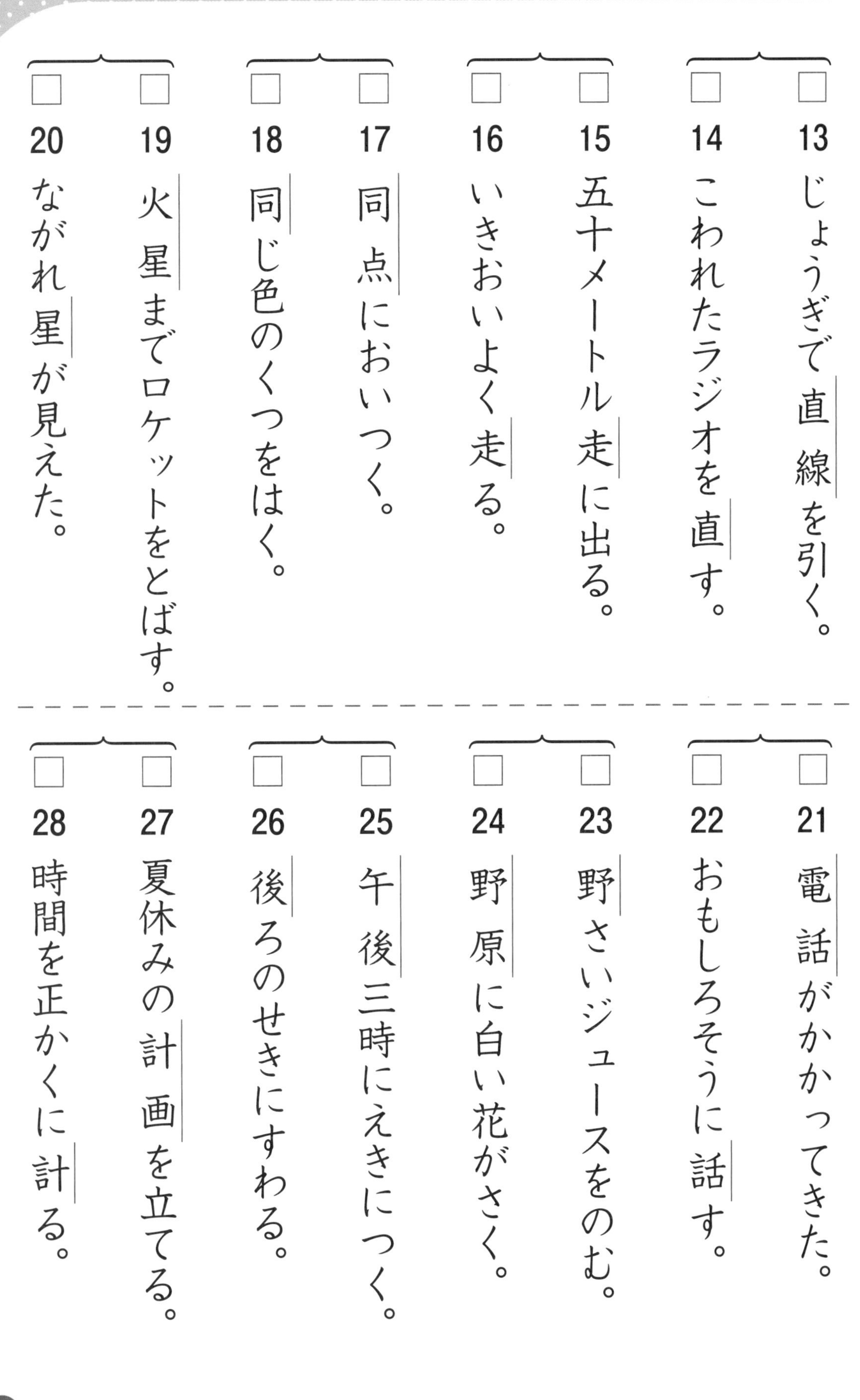

13 じょうぎで直線を引く。

14 こわれたラジオを直す。

15 五十メートル走に出る。

16 いきおいよく走る。

17 同点においつく。

18 同じ色のくつをはく。

19 火星までロケットをとばす。

20 ながれ星が見えた。

21 電話がかかってきた。

22 おもしろそうに話す。

23 野さいジュースをのむ。

24 野原に白い花がさく。

25 午後三時にえきにつく。

26 後ろのせきにすわる。

27 夏休みの計画を立てる。

28 時間を正かくに計る。

19 たいぎご・るいぎご ①

つぎの□の中に漢字(かん)をかきなさい。

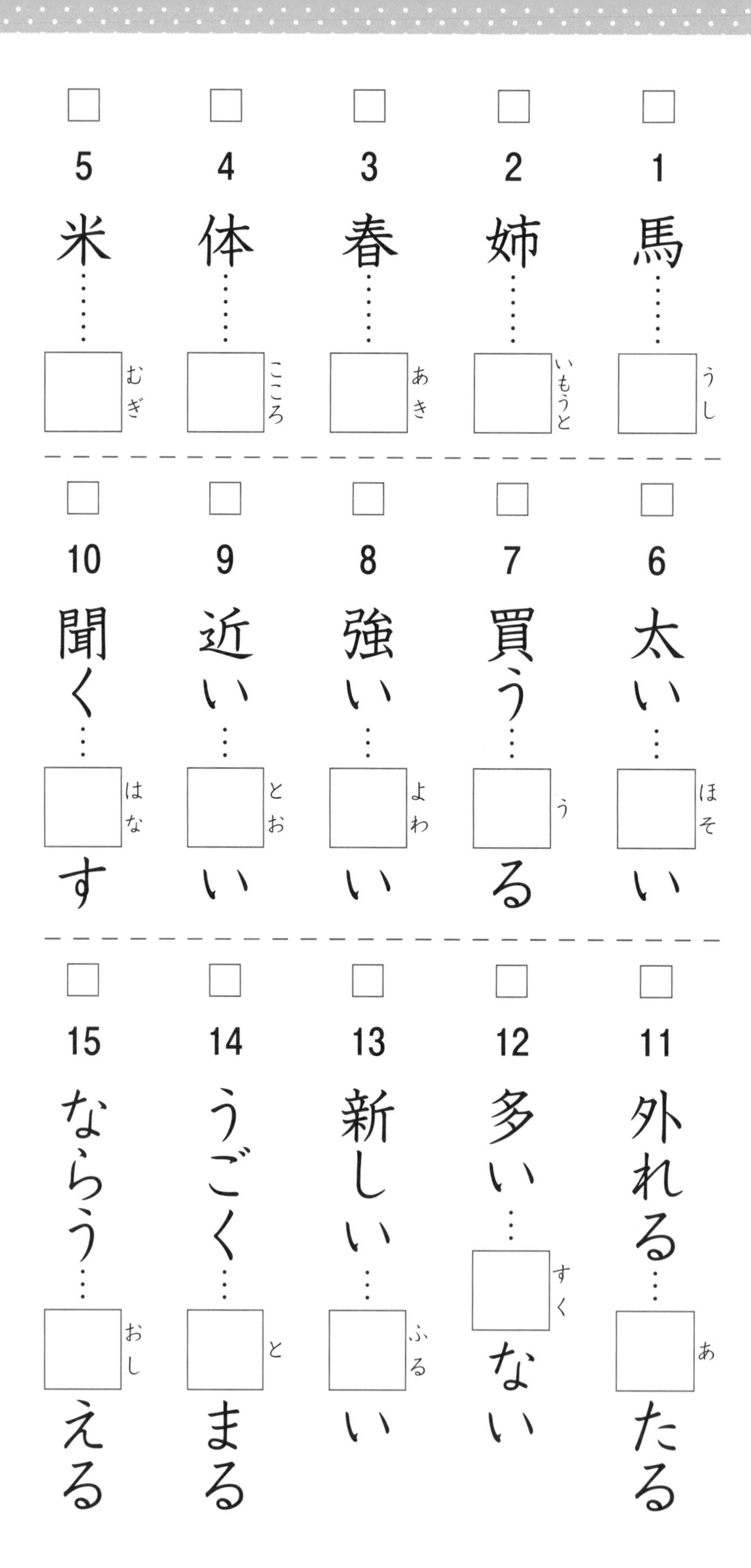

1 馬……□(うし)

2 姉……□(いもうと)

3 春……□(あき)

4 体……□(こころ)

5 米……□(むぎ)

6 太い……□(ほそ)い

7 買う……□(う)る

8 強い……□(よわ)い

9 近い……□(とお)い

10 聞く……□(はな)す

11 外れる……□(あ)たる

12 多い……□(すく)ない

13 新しい……□(ふる)い

14 うごく……□(と)まる

15 ならう……□(おし)える

よく出る

合かく 26~33

もう一歩 18~25

がんばれ 0~17

とく点

シール

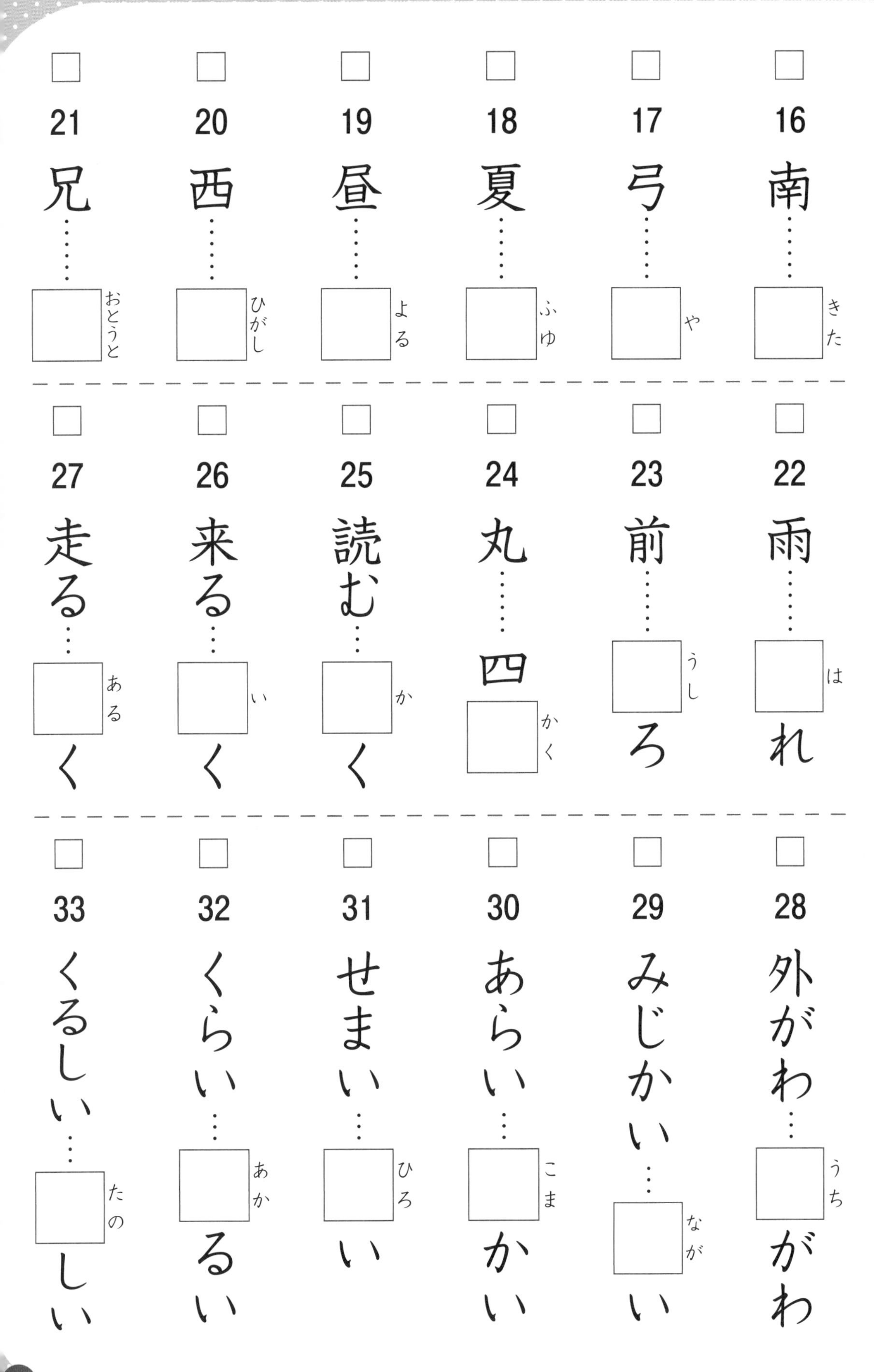

□ 16 南……□（きた）

□ 17 弓……□（や）

□ 18 夏……□（ふゆ）

□ 19 昼……□（よる）

□ 20 西……□（ひがし）

□ 21 兄……□（おとうと）

□ 22 雨……□（は）れ

□ 23 前……□（うし）ろ

□ 24 丸……四□（かく）

□ 25 読む……□（か）く

□ 26 来る……□（い）く

□ 27 走る……□（ある）く

□ 28 外がわ……□（うち）がわ

□ 29 みじかい……□（なが）い

□ 30 あらい……□（こま）かい

□ 31 せまい……□（ひろ）い

□ 32 くらい……□（あか）るい

□ 33 くるしい……□（たの）しい

20 たいぎご・るいぎご ❷

つぎの□の中に漢字(かん)をかきなさい。

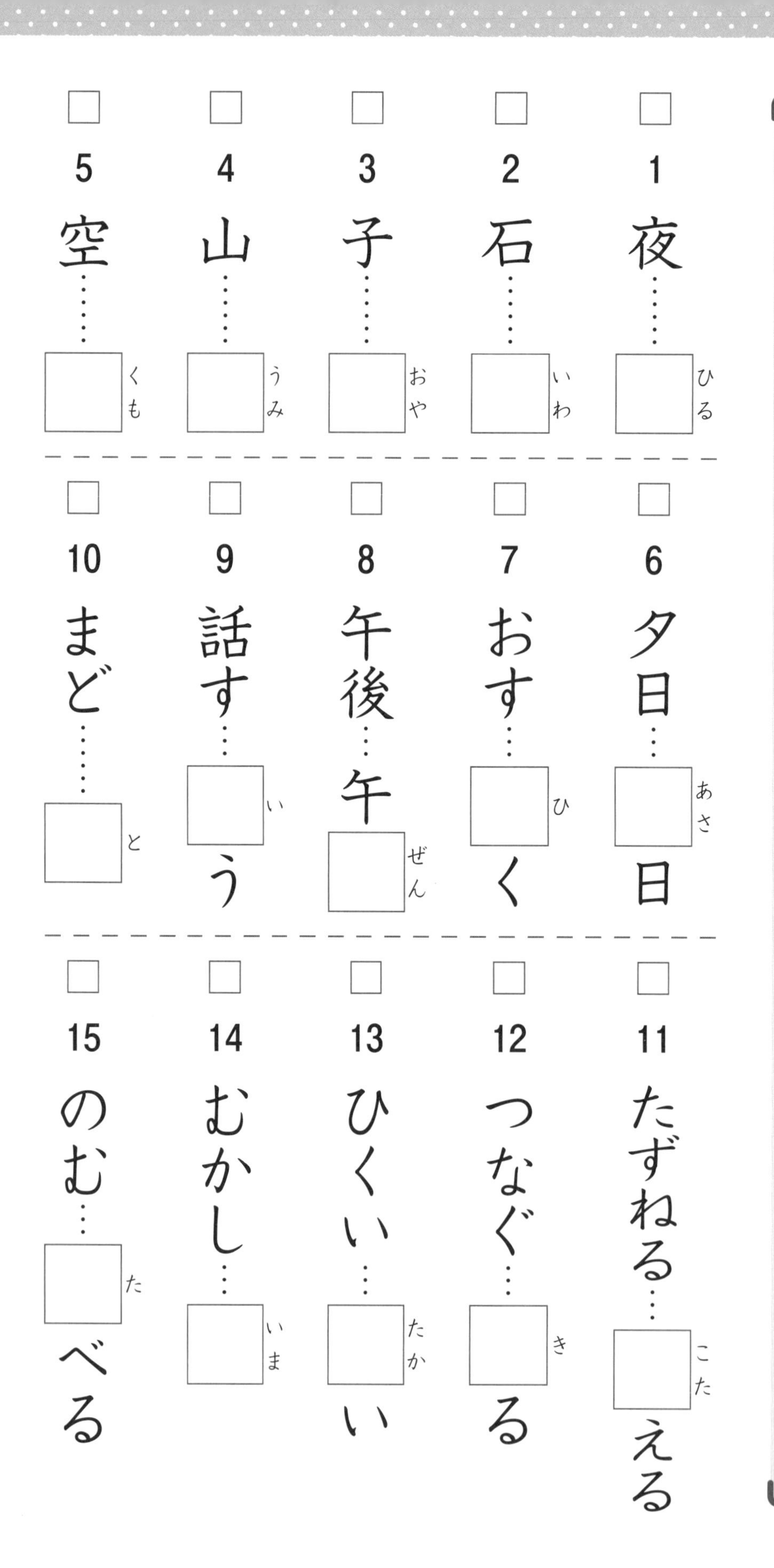

1 夜…□(ひる)

2 石…□(いわ)

3 子…□(おや)

4 山…□(うみ)

5 空…□(くも)

6 夕日…□(あさ)日

7 おす…□(ひ)く

8 午後…午□(ぜん)

9 話す…□(い)う

10 まど…□(と)

11 たずねる…□(こた)える

12 つなぐ…□(き)る

13 ひくい…□(たか)い

14 むかし…□(いま)

15 のむ…□(た)べる

合かく 26~33

もう一歩 18~25

がんばれ 0~17

とく点

シール

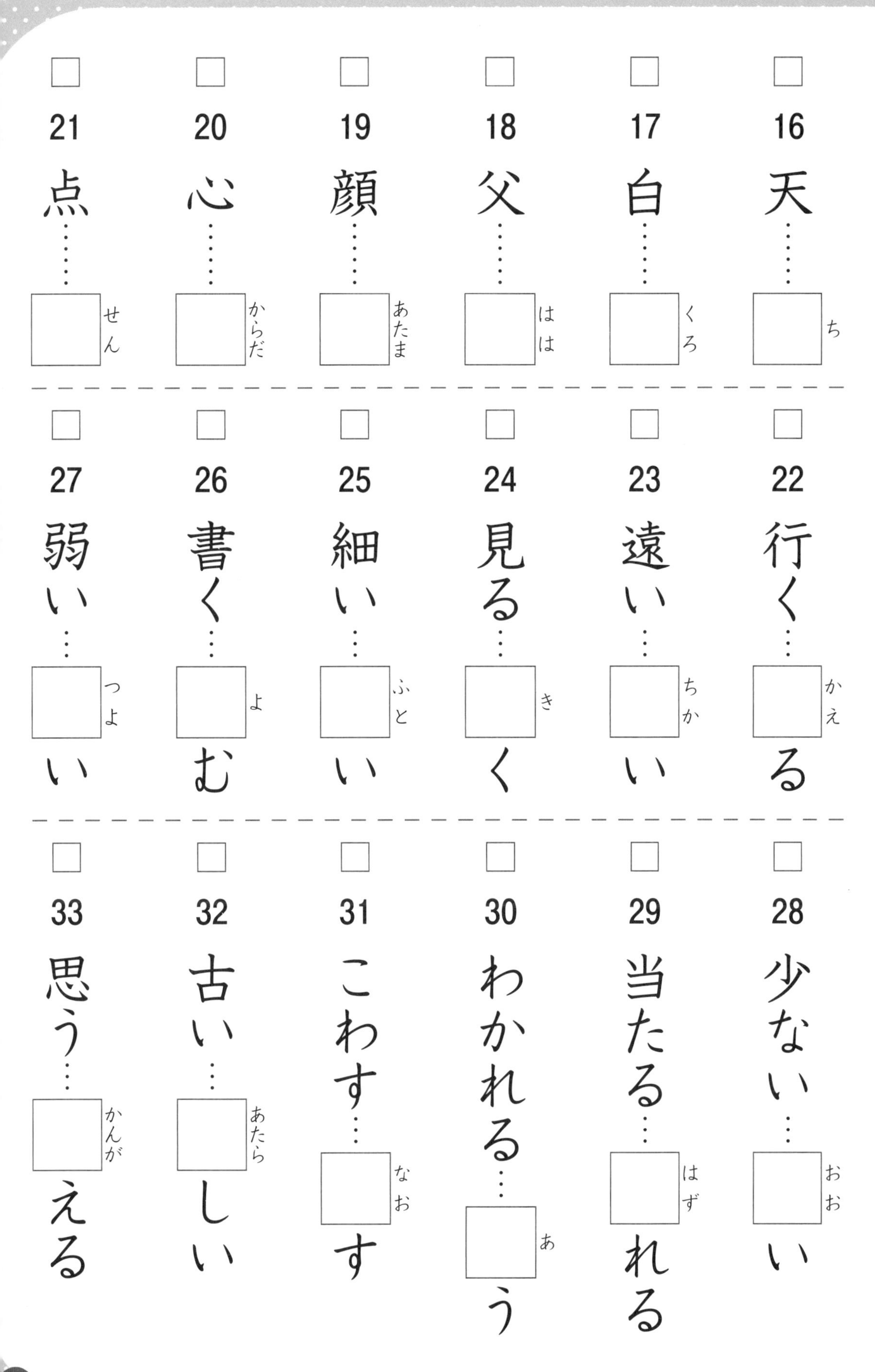
16 天……ち
17 白……くろ
18 父……はは
19 顔……あたま
20 心……からだ
21 点……せん
22 行く……かえ る
23 遠い……ちか い
24 見る……き く
25 細い……ふと い
26 書く……よ む
27 弱い……つよ い
28 少ない……おお い
29 当たる……はず れる
30 わかれる……あ う
31 こわす……なお す
32 古い……あたら しい
33 思う……かんが える

21

おなじぶしゅの漢字（かん）①

よく出る

合かく 35〜44

もう一歩 23〜34

がんばれ 0〜22

とく点

シール

れいのようにおなじなかまの漢字（かん）を□の中にかきなさい。

（れい　木……村（むら）人・山林（りん））

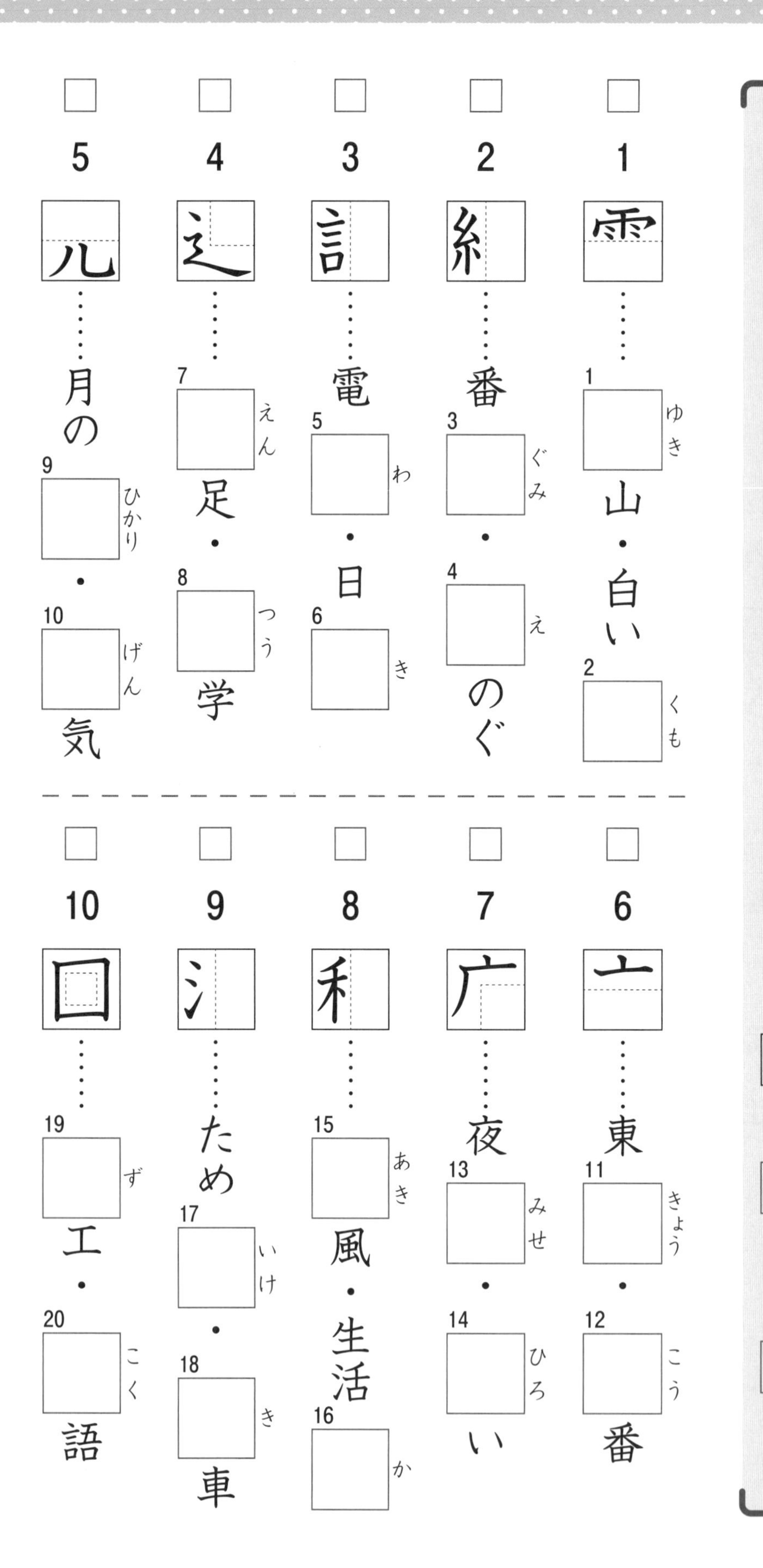

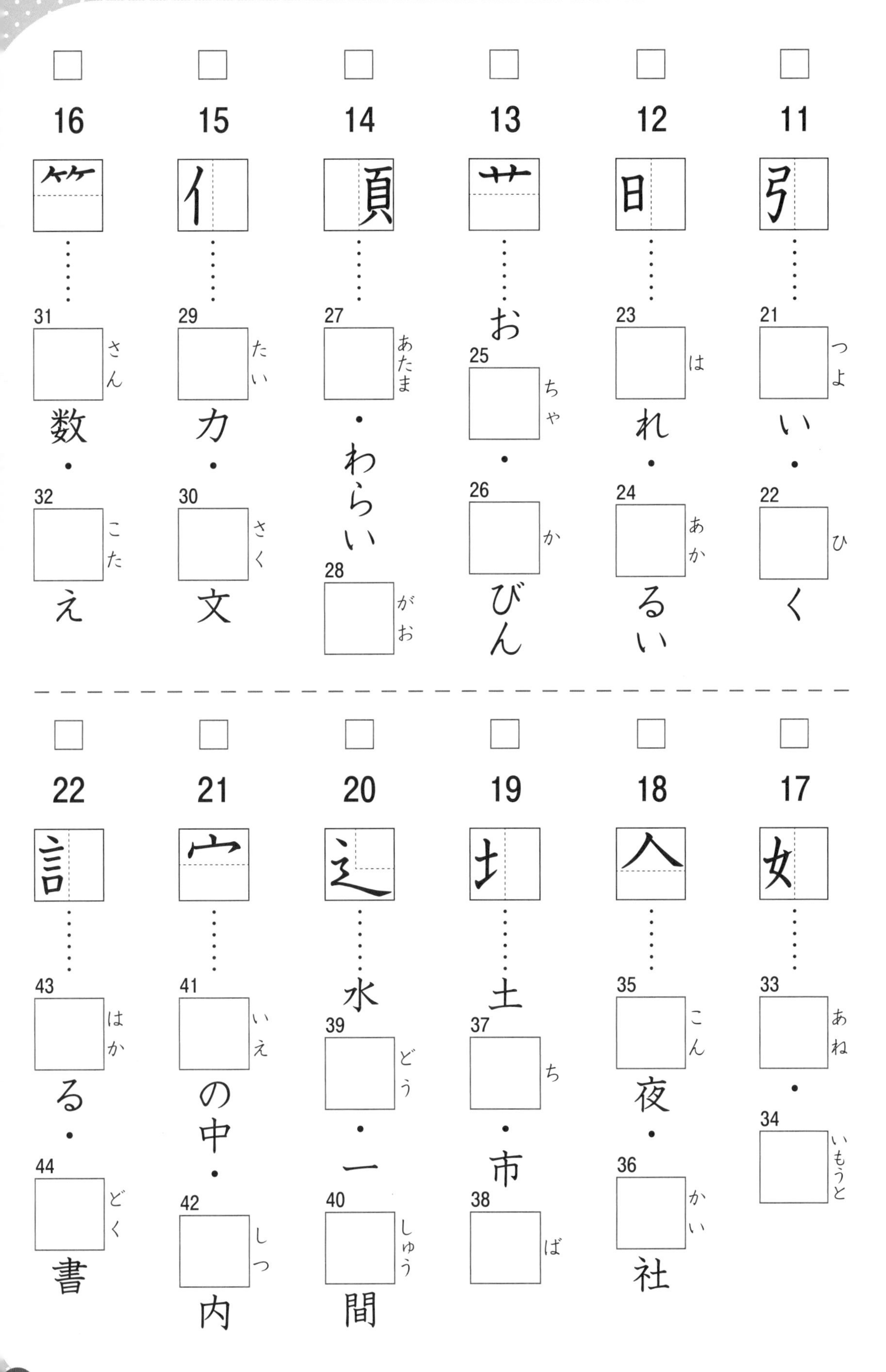

11 弓 …… 21（つよ）い・22（ひ）く
12 日 …… 23（は）れ・24（あか）るい
13 艹 …… お25（ちゃ）・26（か）びん
14 頁 …… 27（あたま）・わらい28（がお）
15 亻 …… 29（たい）力・30（さく）文
16 竹 …… 31（さん）数・32（こた）え
17 女 …… 33（あね）・34（いもうと）
18 入 …… 35（こん）夜・36（かい）社
19 土 …… 土37（ち）・市38（ば）
20 辶 …… 水39（どう）・一40（しゅう）間
21 宀 …… 41（いえ）の中・42（しつ）内
22 言 …… 43（はか）る・44（どく）書

22 おなじぶしゅの漢字(かんじ) ❷

れいのようにおなじなかまの漢字(かんじ)を□の中にかきなさい。（れい　木……[村](むら)人・山[林](りん)）

1　文……[1](おし)える・[2](すう)字

2　口……公[3](えん)・外[4](まわ)り

3　言……[5](よ)む・[6](けい)画

4　辶……山[7](みち)・[8](ちか)い

5　亻……[9](なん)人・昼[10](やす)み

6　八……[11](きょう)弟・つま[12](さき)

7　日……一[13](じ)・日[14](よう)日

8　言……[15](はな)す・[16](かた)る

9　亠……上[17](きょう)・[18](まじ)わる

10　弓……[19](いん)力・べん[20](きょう)

合かく 35~44
もう一歩 23~34
がんばれ 0~22
とく点

シール

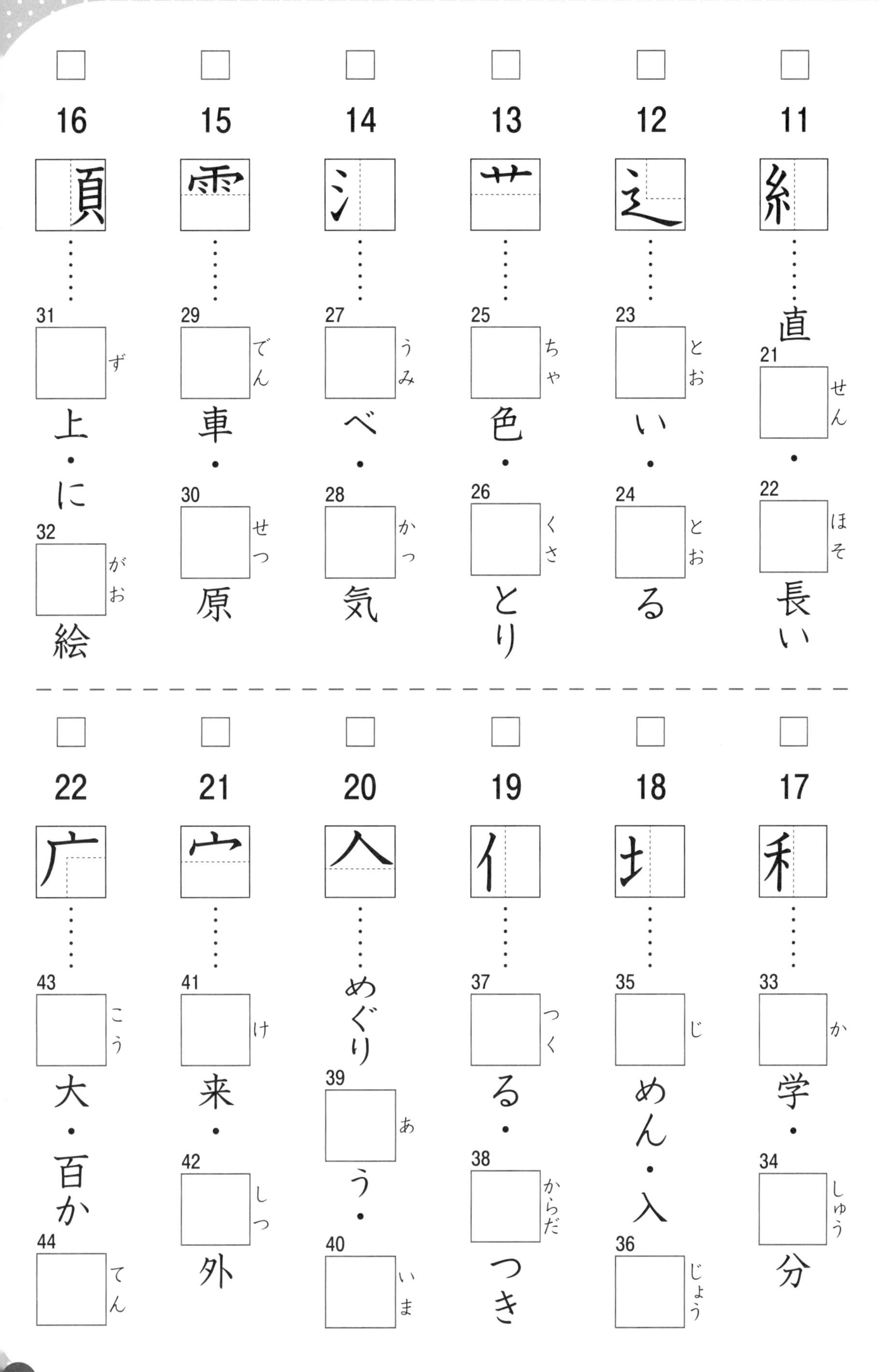

11 糸 …… 直 21 □（せん）・22 □（ほそ）長い

12 辶 …… 23 □（とお）い・24 □（とお）る

13 艹 …… 25 □（ちゃ）色・26 □（くさ）とり

14 氵 …… 27 □（うみ）べ・28 □（かっ）気

15 雨 …… 29 □（でん）車・30 □（せつ）原

16 頁 …… 31 □（ず）上・に 32 □（がお）絵

17 禾 …… 33 □（か）学・34 □（しゅう）分

18 土 …… 35 □（じ）めん・入 36 □（じょう）

19 亻 …… 37 □（つく）る・38 □（からだ）つき

20 八 …… めぐり 39 □（あ）う・40 □（いま）

21 宀 …… 41 □（け）来・42 □（しつ）外

22 广 …… 43 □（こう）大・百か 44 □（てん）

23 はねる・とめる ①

つぎの漢字(かん)の○のところは、はねるか、とめるか、ただしいかきかたで○の中にかきなさい。

（れい　字○→字　下○→下）

よく出る

合かく 31~39
もう一歩 21~30
がんばれ 0~20
とく点

シール

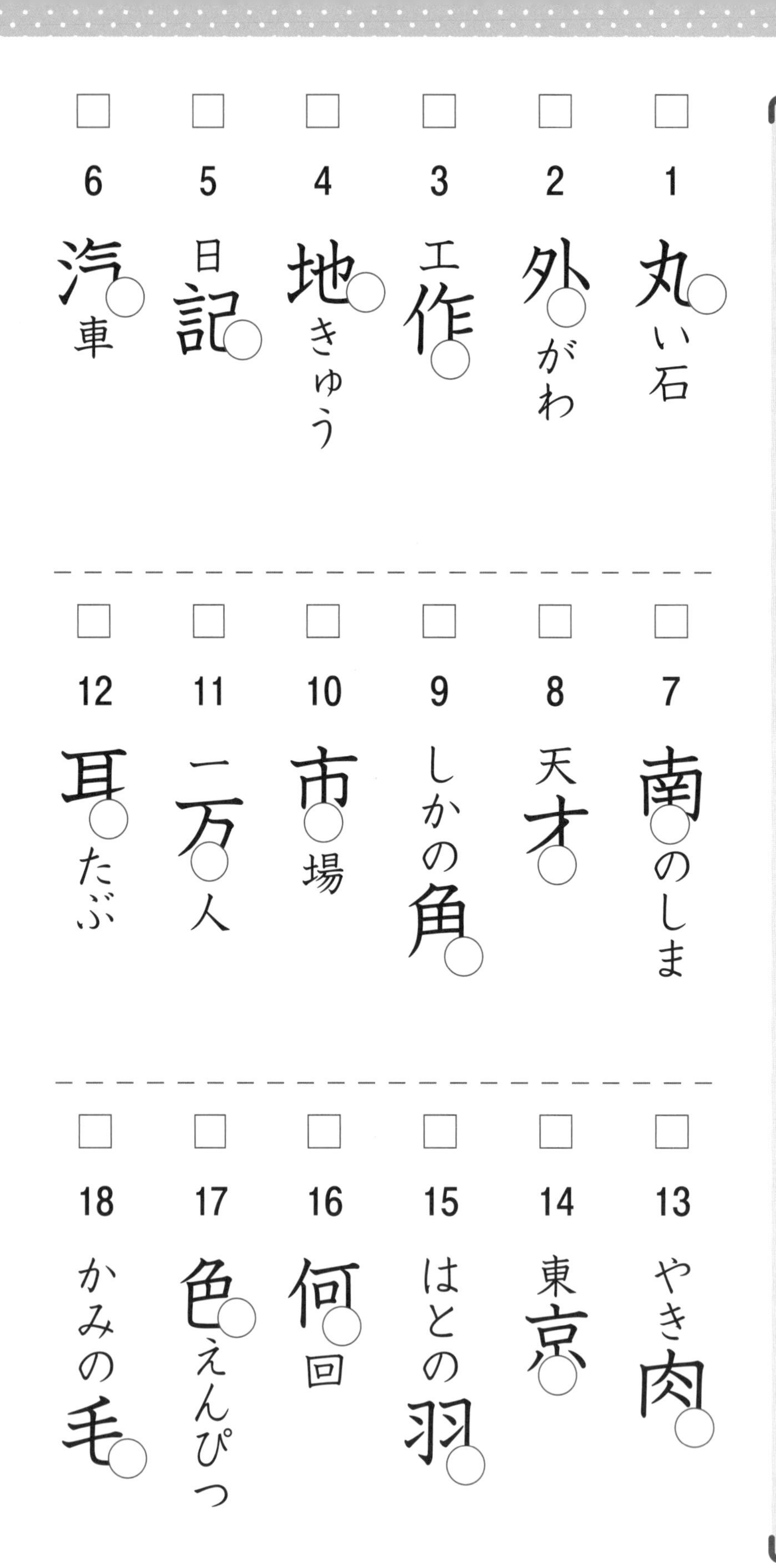

1 丸○い石
2 外○がわ
3 工作○
4 地○きゅう
5 日記○
6 汽○車
7 南○のしま
8 天才○
9 しかの角○
10 市○場
11 二万○人
12 耳○たぶ
13 やき肉○
14 東京○
15 はとの羽○
16 何○回
17 色○えんぴつ
18 かみの毛○

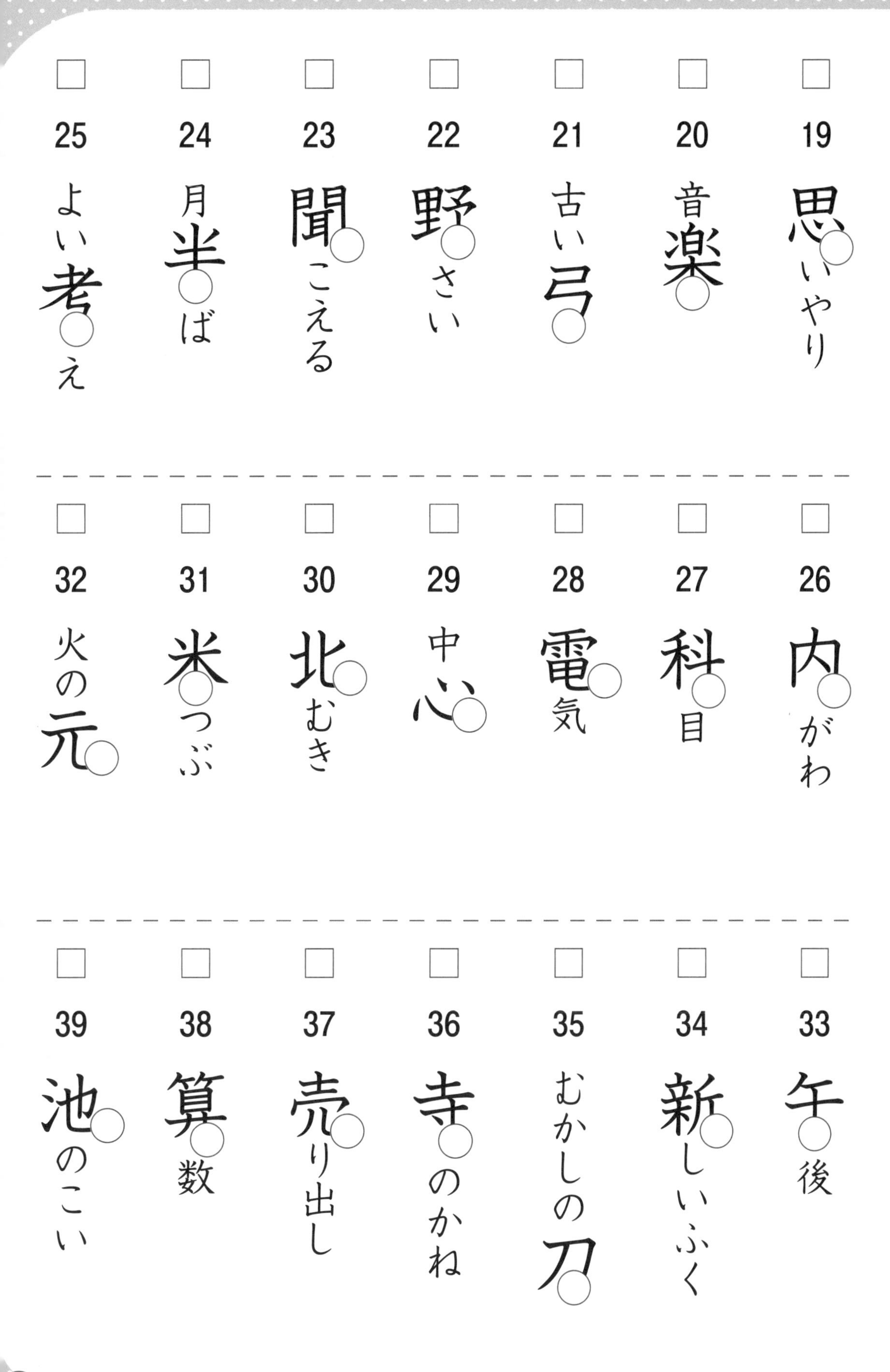

□ 19 思○いやり

□ 20 音楽○

□ 21 古い弓○

□ 22 野○さい

□ 23 聞○こえる

□ 24 月半○ば

□ 25 よい考○え

□ 26 内○がわ

□ 27 科○目

□ 28 電○気

□ 29 中心○

□ 30 北○むき

□ 31 米○つぶ

□ 32 火の元○

□ 33 午○後

□ 34 新○しいふく

□ 35 むかしの刀○

□ 36 寺○のかね

□ 37 売○り出し

□ 38 算○数

□ 39 池○のこい

24 はねる・とめる ②

つぎの漢字(かん)の◯のところは、はねるか、とめるか、ただしいかきかたで◯の中にかきなさい。

(れい 字◯→字◯ 下◯→下◯)

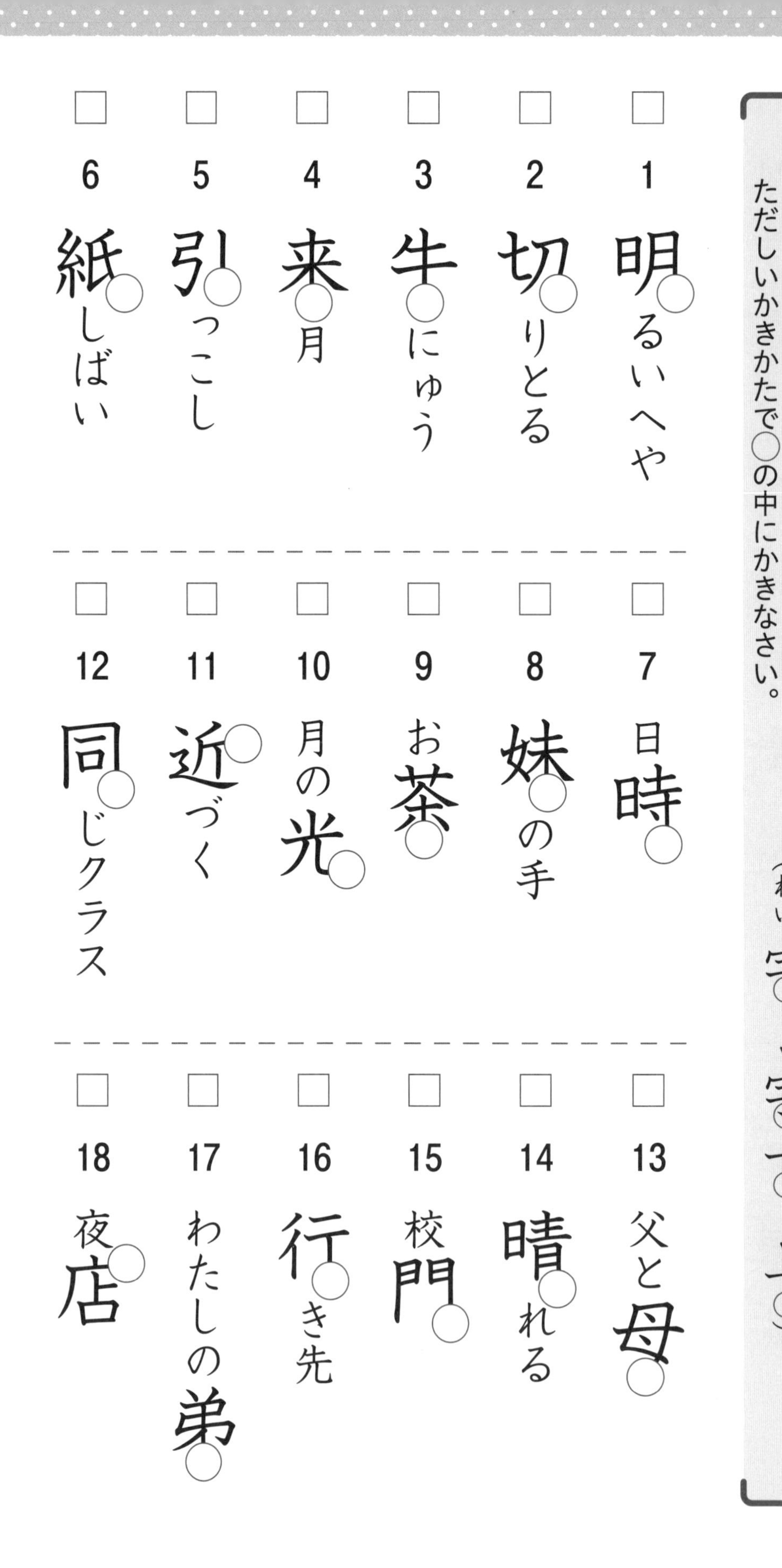

1 明◯るいへや
2 切◯りとる
3 牛◯にゅう
4 来◯月
5 引◯っこし
6 紙◯しばい
7 日時◯
8 妹◯の手
9 お茶◯
10 月の光◯
11 近◯づく
12 同◯じクラス
13 父と母◯
14 晴◯れる
15 校門◯
16 行◯き先
17 わたしの弟◯
18 夜店◯

合かく 31〜39
もう一歩 21〜30
がんばれ 0〜20
とく点

シール

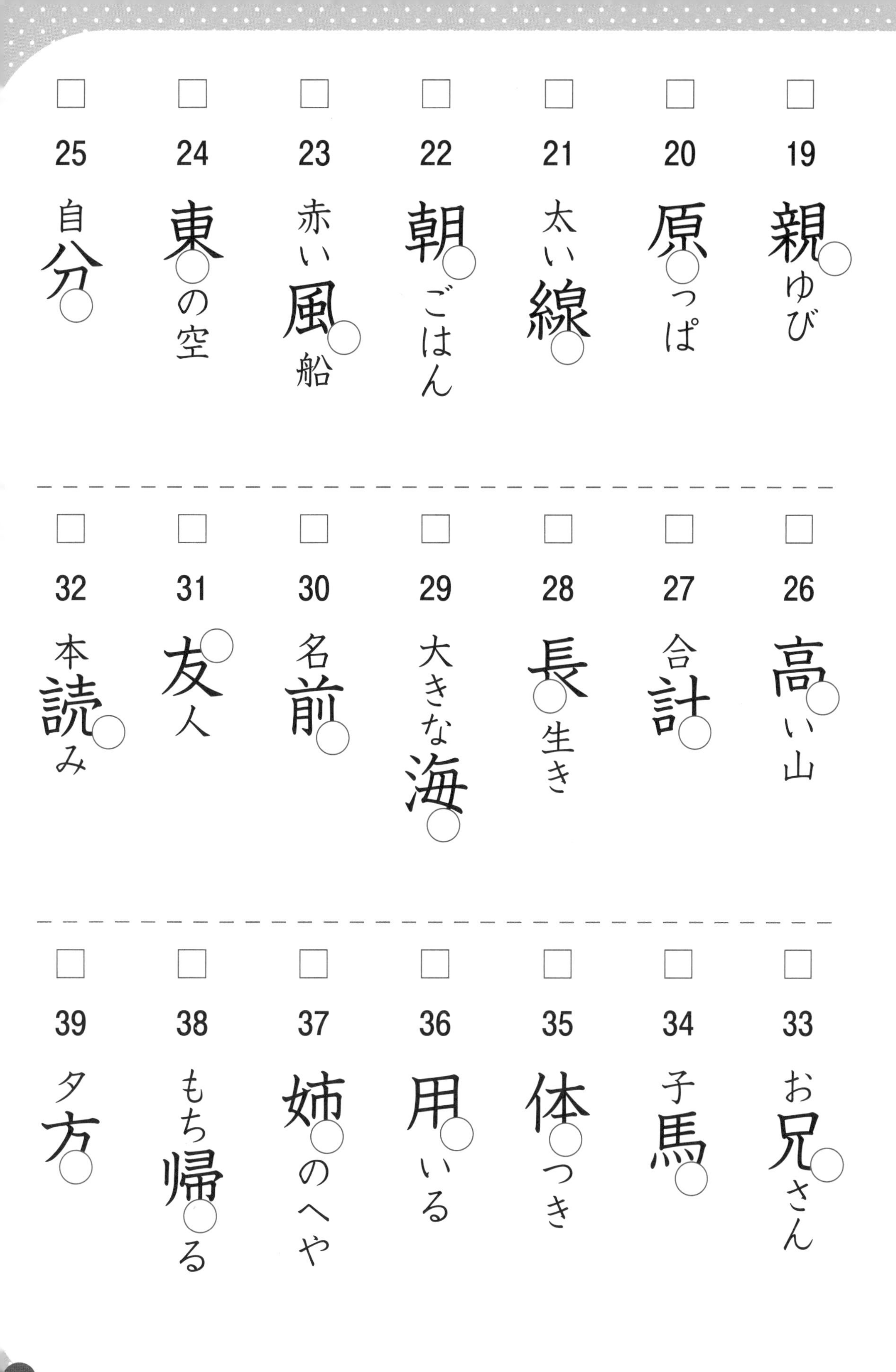

19 親ゆび
20 原っぱ
21 太い線
22 朝ごはん
23 赤い風船
24 東の空
25 自分

26 高い山
27 合計
28 長生き
29 大きな海
30 名前
31 友人
32 本読み

33 お兄さん
34 子馬
35 体つき
36 用いる
37 姉のへや
38 もち帰る
39 夕方

実力(じつ)かんせいテスト（1）

時間 40分
合かく 120/150
とく点

シール

（一）つぎの――せんの漢字(かん)のよみがなを――せんの右にかきなさい。（30）1×30

1 [1]電池がついに[2]切れて、おもちゃの車が[3]止まった。

2 [4]鳥が、[5]太い木のえだにとまって[6]羽をたたんだ。

3 母が[7]台どころに立って、[8]野さいをきざんでいる。

7 [22]遠足の日は[23]晴れて、気もちのいいそよ[24]風もふいていた。

8 [25]計算もんだいの[26]答えを[27]黒ばんに書く。

9 [28]秋になれば、お[29]寺のいちょうが[30]色づく。

（三）つぎの――せんの漢字(かん)のよみがなを――せんの右にかきなさい。（10）1×10

- とびらを[1]半分あける。
- 二つのチームに[2]分かれる。

- しずかにべん[3]強する。
- 火のいきおいが[4]強まる。

- もうすぐ[5]夕食だ。
- バナナを一本[6]食べる。

4 時間[9]をかけずに作[10]れるりょう理[11]を教[12]えてもらった。

5 朝[13]から父[14]と市場へ行[15]って魚を買[16]った。

6 家[17]から外[18]に出て、近[19]くの公園[20]をぶらぶら歩[21]いた。

(二) つぎの漢字のふといところはなんばんめにかきますか。◯の中にすう字をかきなさい。 (10) 1×10

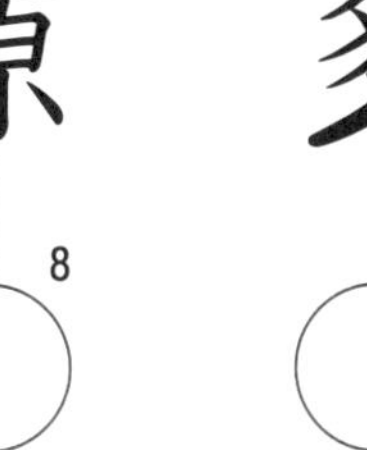
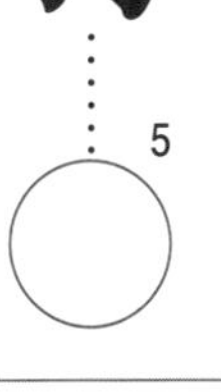
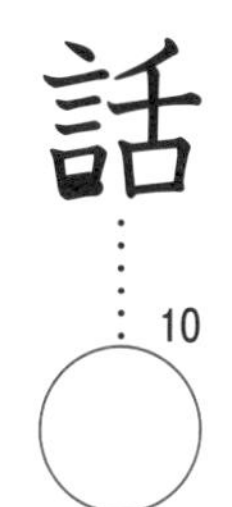

1	2	3	4	5
番 ◯	当 ◯	点 ◯	毎 ◯	弱 ◯

6	7	8	9	10
頭 ◯	多 ◯	原 ◯	戸 ◯	話 ◯

ひえた牛[7]にゅうをのむ。
牛[8]をはなしがいにする。

二回[9]へんじをした。
こまを回[10]してあそぶ。

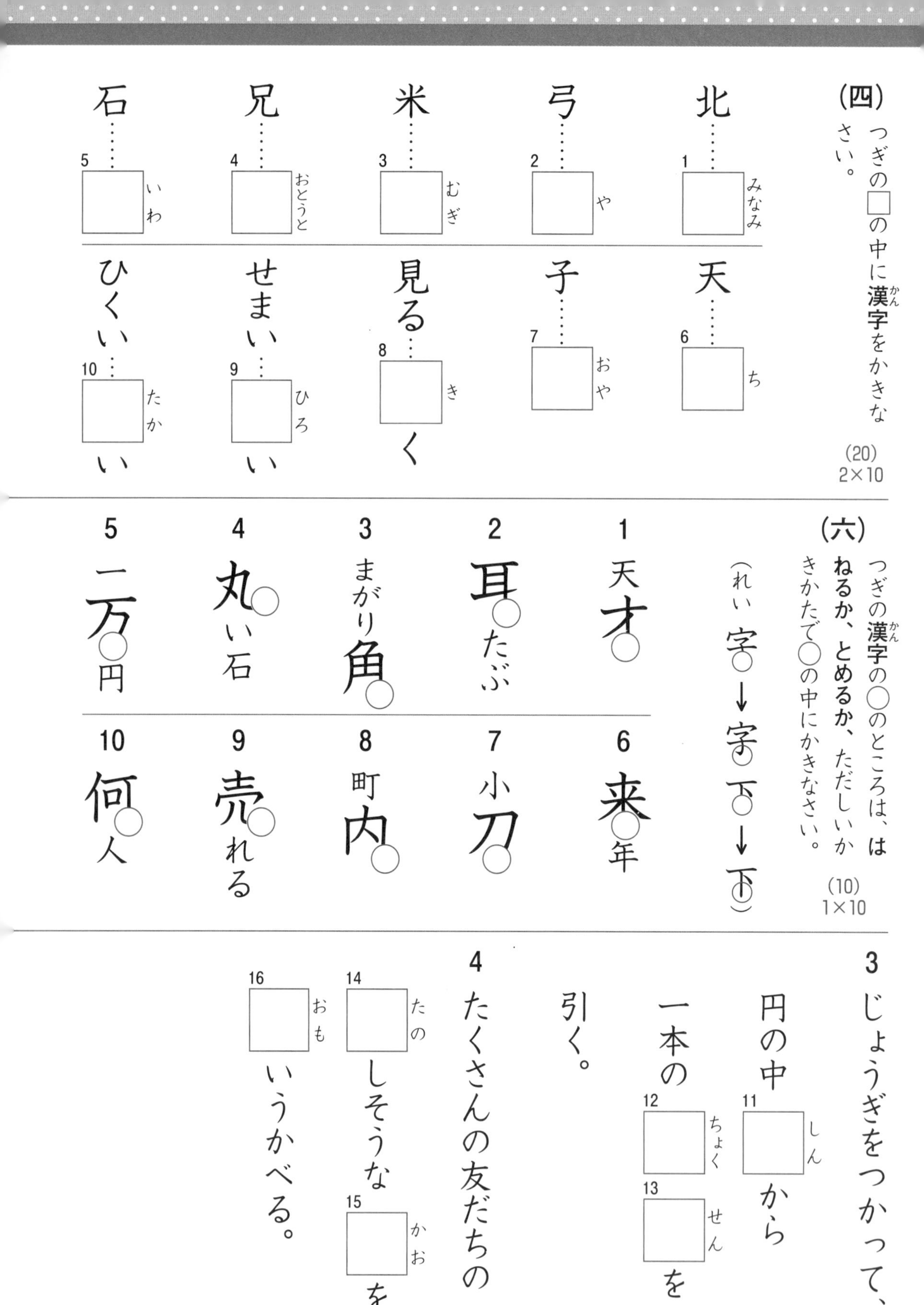

(四) つぎの□の中に漢字をかきなさい。

(20) 2×10

1. 北……□（みなみ）
2. 弓……□（や）
3. 米……□（むぎ）
4. 兄……□（おとうと）
5. 石……□（いわ）
6. 天……□（ち）
7. 子……□（おや）
8. 見る……□（き）く
9. せまい……□（ひろ）い
10. ひくい……□（たか）い

(六) つぎの漢字の○のところは、はねるか、とめるか、ただしいかきかたで○の中にかきなさい。

(10) 1×10

（れい　字○→字○　下○→下○）

1. 天才○
2. 耳○たぶ
3. まがり角○
4. 丸○い石
5. 一万○円
6. 来○年
7. 小刀○
8. 町内○
9. 売○れる
10. 何○人

3 じょうぎをつかって、円の中 11□（しん） から一本の 12□（ちょく） 13□（せん） を引く。

4 たくさんの友だちの 14□（たの） しそうな 15□（かお） を 16□（おも） いうかべる。

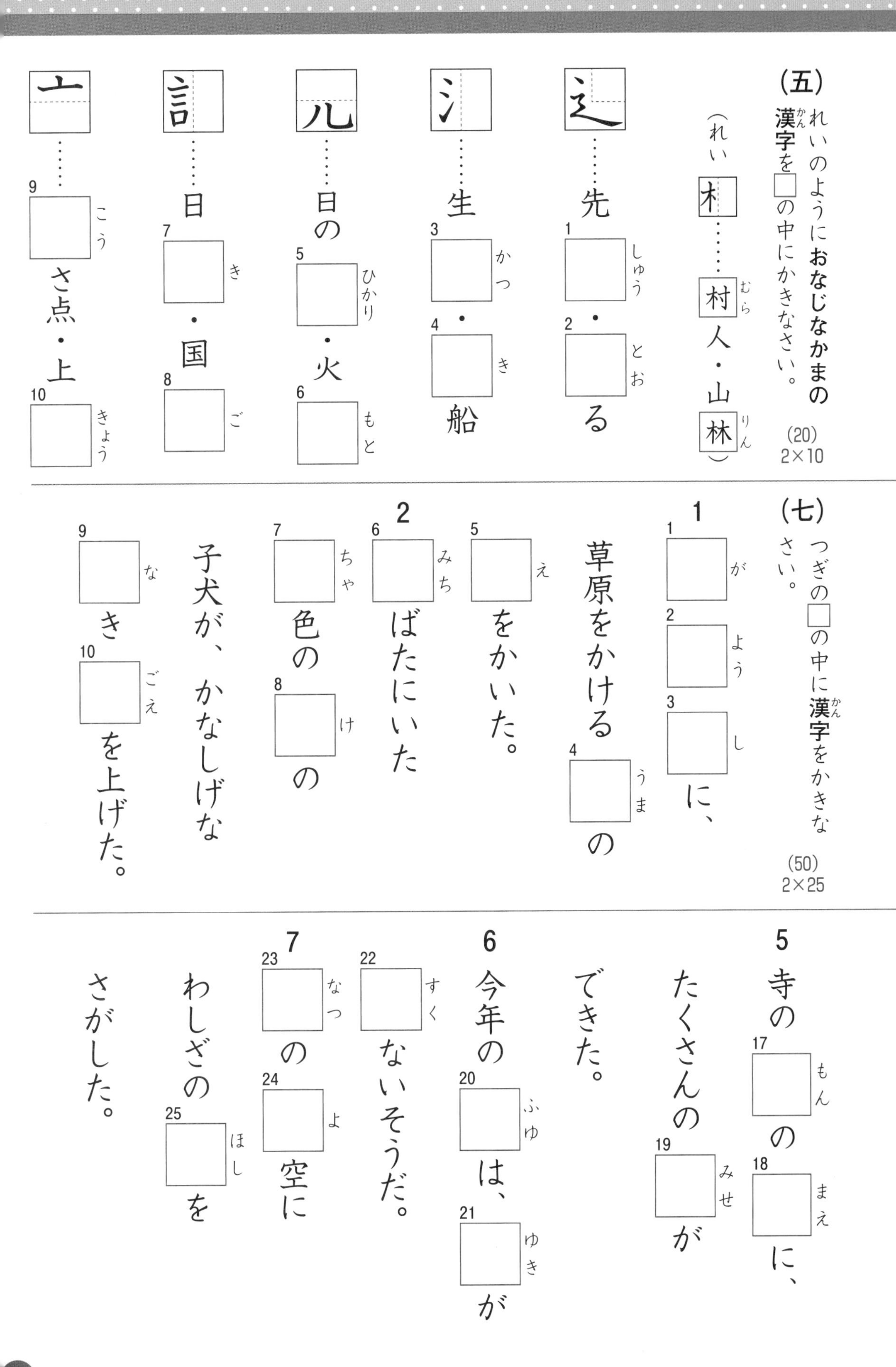

(五) れいのように**おなじなかまの漢字**(かん)を□の中にかきなさい。 (20) 2×10

（れい　木……村(むら)人・山林(りん)）

辶……先 1□(しゅう)・2□(とお)る

氵……生 3□(かつ)・4□(き)船

儿……日の 5□(ひかり)・火 6□(もと)

言……日 7□(き)・国 8□(ご)

亠……9□(こう)さ点・上 10□(きょう)

(七) つぎの□の中に**漢字**(かん)をかきなさい。 (50) 2×25

1 1□(が)2□(よう)3□(し)に、草原をかける4□(うま)の5□(え)をかいた。

2 6□(みち)ばたにいた7□(ちゃ)色の8□(け)の子犬が、かなしげな9□(な)き10□(ごえ)を上げた。

5 寺の17□(もん)の18□(まえ)に、たくさんの19□(みせ)ができた。

6 今年の20□(ふゆ)は、21□(ゆき)が22□(すく)ないそうだ。

7 23□(なつ)の24□(よ)空にわしざの25□(ほし)をさがした。

実力かんせいテスト(2)

時間 40分
合かく 120/150
とく点

シール

(一) つぎの——せんの漢字のよみがなを——せんの右にかきなさい。 (30) 1×30

1 毎日[1]、池[2]の金魚[3]にえさをやる。

2 外国[4]の人とえい語[5]で話[6]してみたい。

3 太[7]ようは東[8]の空からのぼり西[9]の空にしずむ。

7 ようやく雪[21]がやんで、雲[22]のすき間[23]から星[24]が見えはじめた。

8 犬をつれ出して、広[25]い野原[26]で楽[27]しくあそぶ。

9 牛[28]の頭[29]には二本の角[30]が生えている。

(三) つぎの——せんの漢字のよみがなを——せんの右にかきなさい。 (10) 1×10

歌手[1]がテレビに出る。
大きな声で歌[2]う。

一歩[3]後ろに下がる。
川ぞいを歩[4]く。

毛[5]ふをひざにかける。
かみの毛[6]をみじかくする。

4 子どもたちの元気[10]な声[11]が、教室[12]の方から聞[13]こえてくる。

5 木の下で友人[14]といっしょに、お昼[15]のべん当[16]を食[17]べた。

6 線[18]ろの上を、汽車[19]がけむりをはいて走[20]る。

（二） つぎの漢字（かん）のふといところはなんばんめにかきますか。○の中にすう字をかきなさい。 (10) 1×10

北	用	黄	社	矢
1 ○	2 ○	3 ○	4 ○	5 ○

姉	門	寺	親	知
6 ○	7 ○	8 ○	9 ○	10 ○

ゴム風船[7]をふくらます。
風[8]でドアがひらいた。

算数[9]のテストをうける。
一から十まで数[10]える。

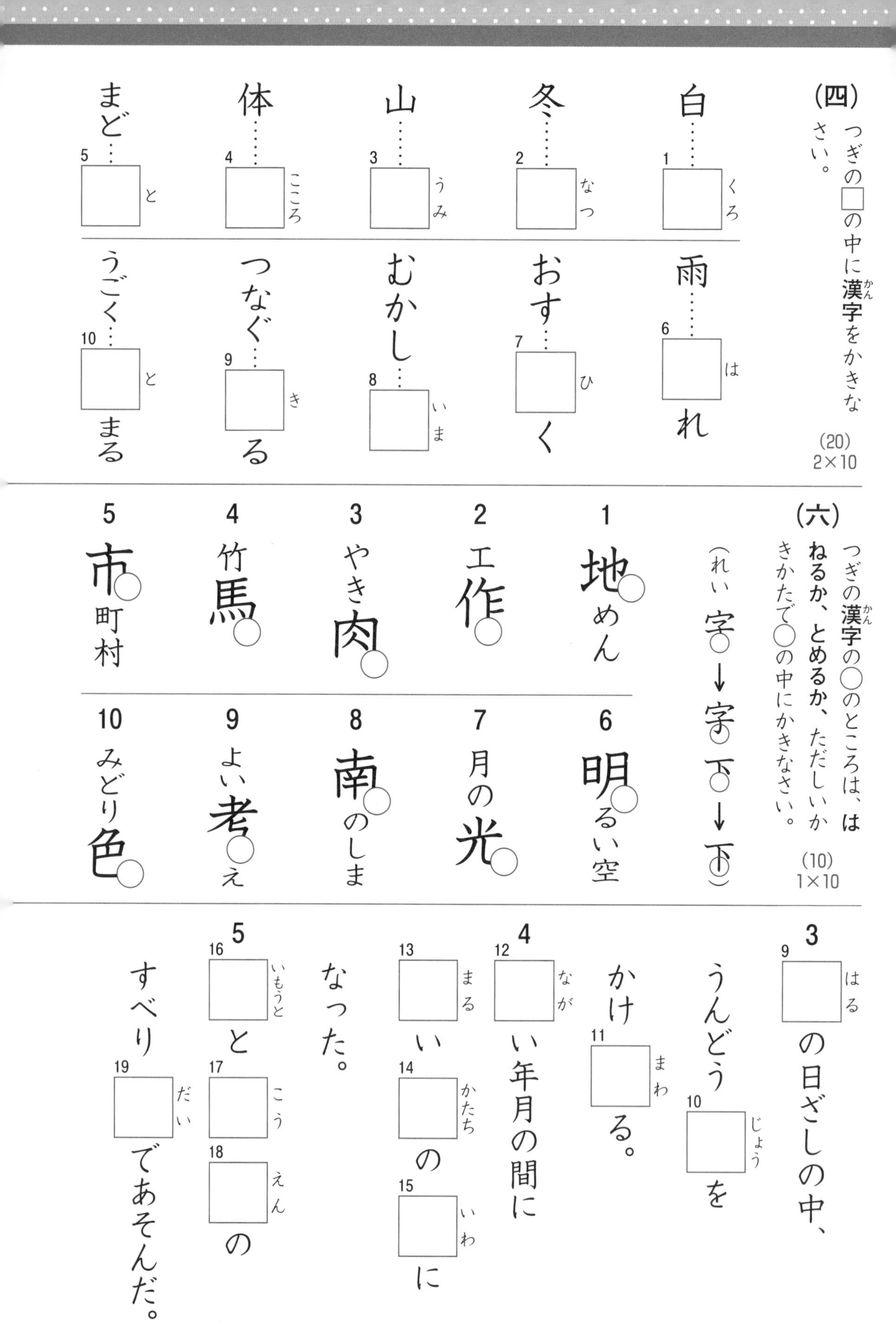

(四) つぎの□の中に漢字(かん)をかきなさい。

(20) 2×10

1. 白…□(くろ)
2. 冬…□(なつ)
3. 山…□(うみ)
4. 体…□(こころ)
5. まど…□(と)
6. 雨…□(は)れ
7. おす…□(ひ)く
8. むかし…□(いま)
9. つなぐ…□(き)る
10. うごく…□(と)まる

(六) つぎの漢字(かん)の○のところは、はねるか、とめるか、ただしいかきかたで○の中にかきなさい。

(10) 1×10

(れい 字→字 下→下→下)

1. 地めん
2. 工作
3. やき肉
4. 竹馬
5. 市町村
6. 明るい空
7. 月の光
8. 南のしま
9. よい考え
10. みどり色

3. 9□(はる)の日ざしの中、うんどう10□(じょう)をかけ11□(まわ)る。

4. 12□(なが)い年月の間に13□(まる)い14□(かたち)の15□(いわ)になった。

5. 16□(いもうと)と17□(こう)18□(えん)のすべり19□(だい)であそんだ。

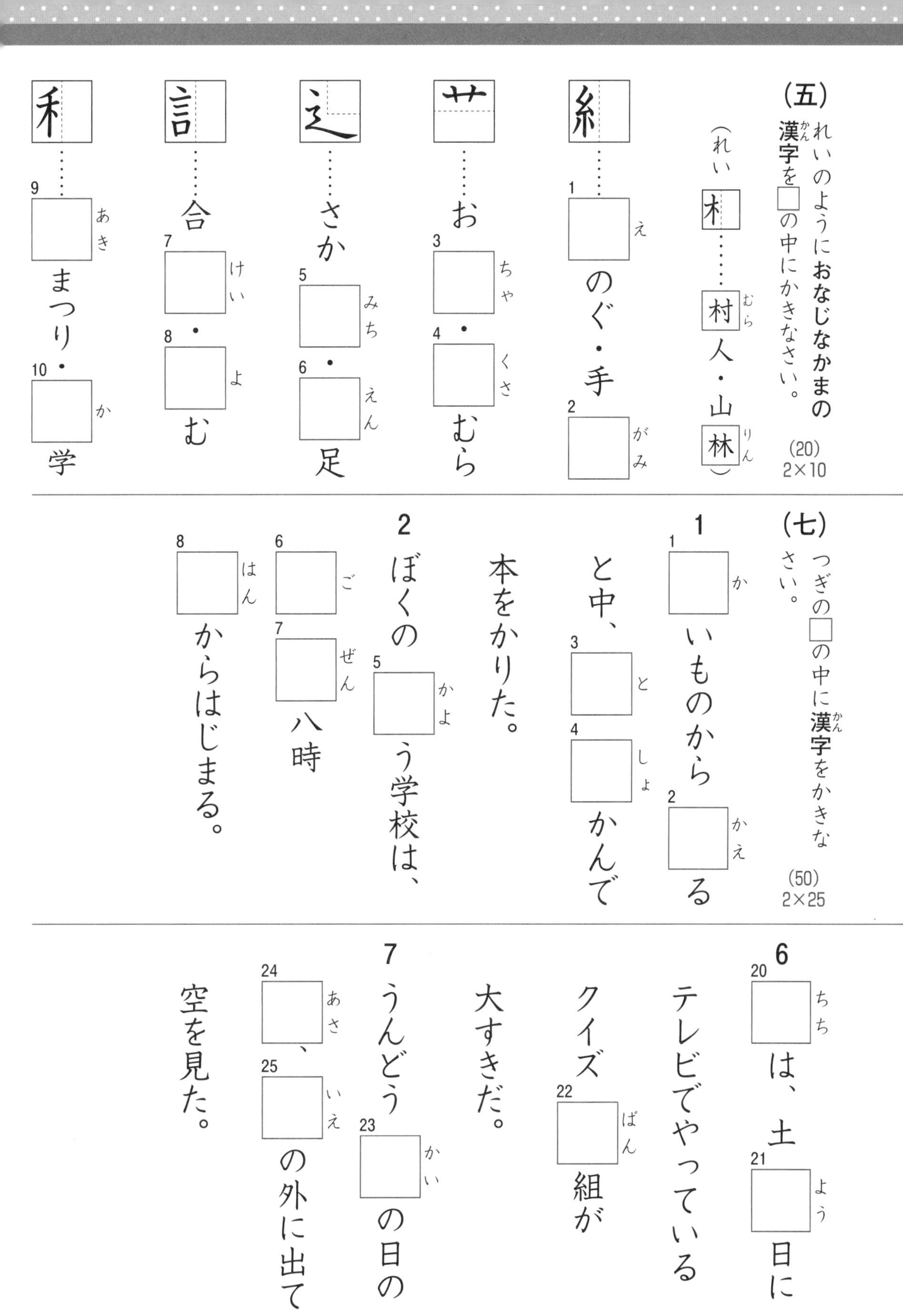

(五)

れいのようにおなじなかまの漢字(かん)を□の中にかきなさい。 (20) 2×10

（れい　木……村(むら)人・山林(りん)）

糸……1 □(え)のぐ・手 2 □(がみ)

艹……お 3 □(ちゃ)・4 □(くさ)むら

辶……さか 5 □(みち)・6 □(えん)足

言……合 7 □(けい)・8 □(よ)む

禾……9 □(あき)まつり・10 □(か)学

(七)

つぎの□の中に漢字(かん)をかきなさい。 (50) 2×25

1 1 □(か)いものから 2 □(かえ)る と中、3 □(と) 4 □(しょ)かんで 本をかりた。

2 ぼくの 5 □(かよ)う学校は、6 □(ご) 7 □(ぜん)八時 8 □(はん)からはじまる。

6 20 □(ちち)は、土 21 □(よう)日に テレビでやっている クイズ 22 □(ばん)組が 大すきだ。

7 うんどう 23 □(かい)の日の 24 □(あさ)、25 □(いえ)の外に出て 空を見た。

実力(じつ)かんせいテスト(3)

(一) つぎの――せんの漢字(かん)のよみがなを――せんの右にかきなさい。 (30) 1×30

1 いすにすわって[1]何回も[2]新聞を読み[3]直した。

2 [4]弓でとばした[5]矢は、[6]半分がまとに[7]当たった。

3 [8]姉は[9]自てん車で[10]高校に[11]通っている。

7 えき[23]前から[24]少し歩けば、[25]親せきの家がある。

8 あした、[26]妹の友だちがあそびに[27]来るそうだ。

9 [28]長くつづくさか[29]道の先に、[30]古くてりっぱなお寺があったそうだ。

(三) つぎの――せんの漢字(かん)のよみがなを――せんの右にかきなさい。 (10) 1×10

- ラジオ[1]体そうをする。
- ふろで[2]体をあたためる。

- 雨でハイキングは[3]中止だ。
- 車が赤しんごうで[4]止まる。

- [5]火星にロケットをとばす。
- [6]星が一つも見えない。

時間 40分

合かく 120/150

とく点

シール

4 夏[12]休みにしたいと考[13]えたことを手紙[14]に書いて母[15]にわたした。

5 地図[16]をひろげて、行きたい国[17]をゆびさした。

6 おさない時[18]に、兄[19]から魚[20]のつり方を教[21]わったことを思[22]い出した。

(二) つぎの**漢字**（かん）の**ふといところ**は**なんばんめ**にかきますか。◯の中に**すう字**をかきなさい。 (10) 1×10

首	形	冬	里	台
1 ◯	2 ◯	3 ◯	4 ◯	5 ◯

記	京	園	画	船
6 ◯	7 ◯	8 ◯	9 ◯	10 ◯

いのちを大切[7]にする。
ゆびのつめを切[8]る。

四角[9]いはこを作る。
つぎの角[10]を右にまがる。

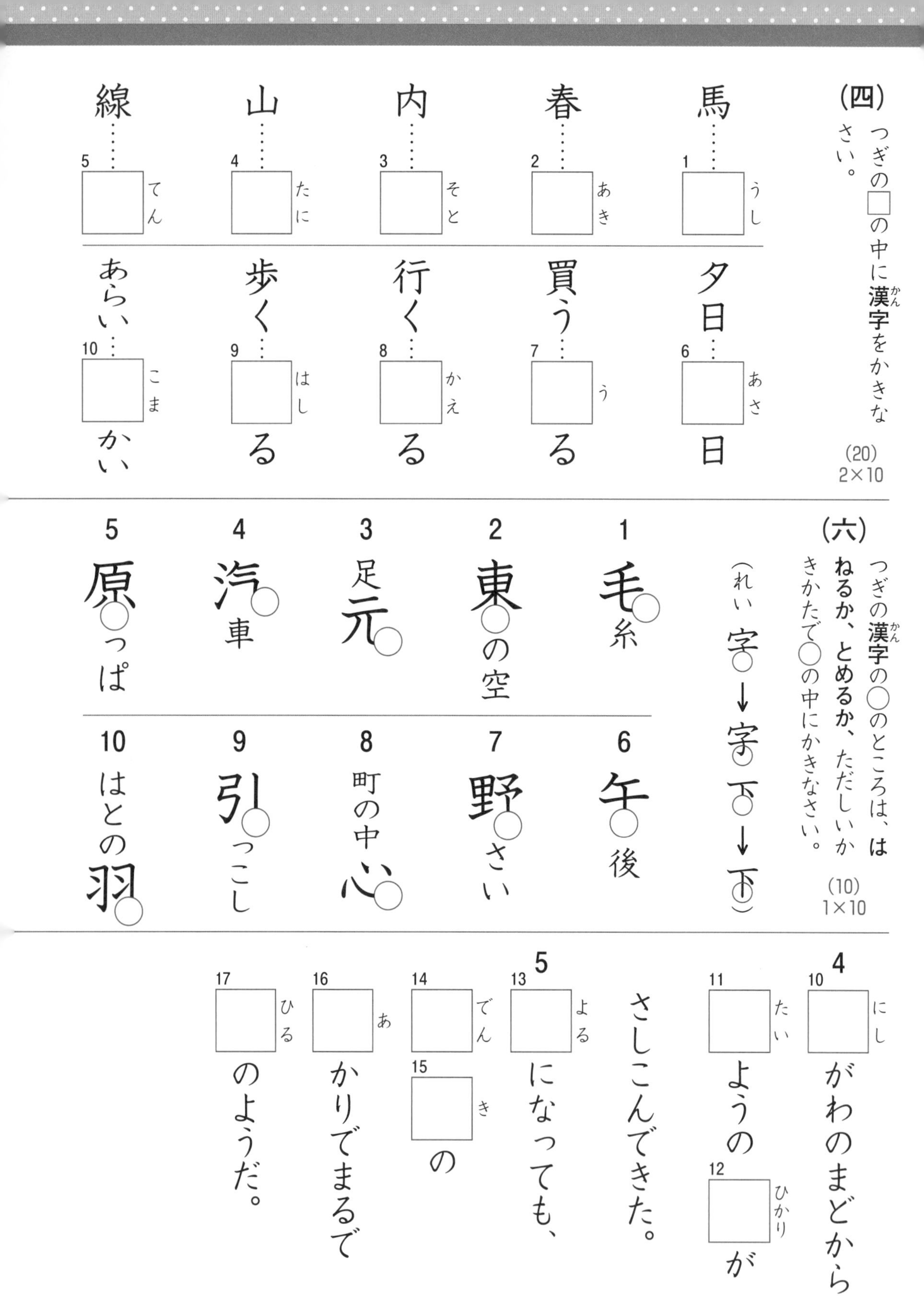

（四）

つぎの□の中に漢字（かんじ）をかきなさい。

（20）2×10

1. 馬……□（うし）
2. 春……□（あき）
3. 内……□（そと）
4. 山……□（たに）
5. 線……□（てん）
6. 夕日……□（あさ）日
7. 買う……□（う）る
8. 行く……□（かえ）る
9. 歩く……□（はし）る
10. あらい……□（こま）かい

（六）

つぎの漢字の○のところは、**はねるか、とめるか、**ただしいかきかたで○の中にかきなさい。

（10）1×10

（れい　字○→字○　下○→下○）

1. 毛○糸
2. 東○の空
3. 足元○
4. 汽○車
5. 原○っぱ
6. 午○後
7. 野○さい
8. 町の中心○
9. 引○っこし
10. はとの羽○

4　10□（にし）がわのまどから11□（たい）ようの12□（ひかり）がさしこんできた。

5　13□（よる）になっても、14□（でん）15□（き）の16□（あ）かりでまるで17□（ひる）のようだ。

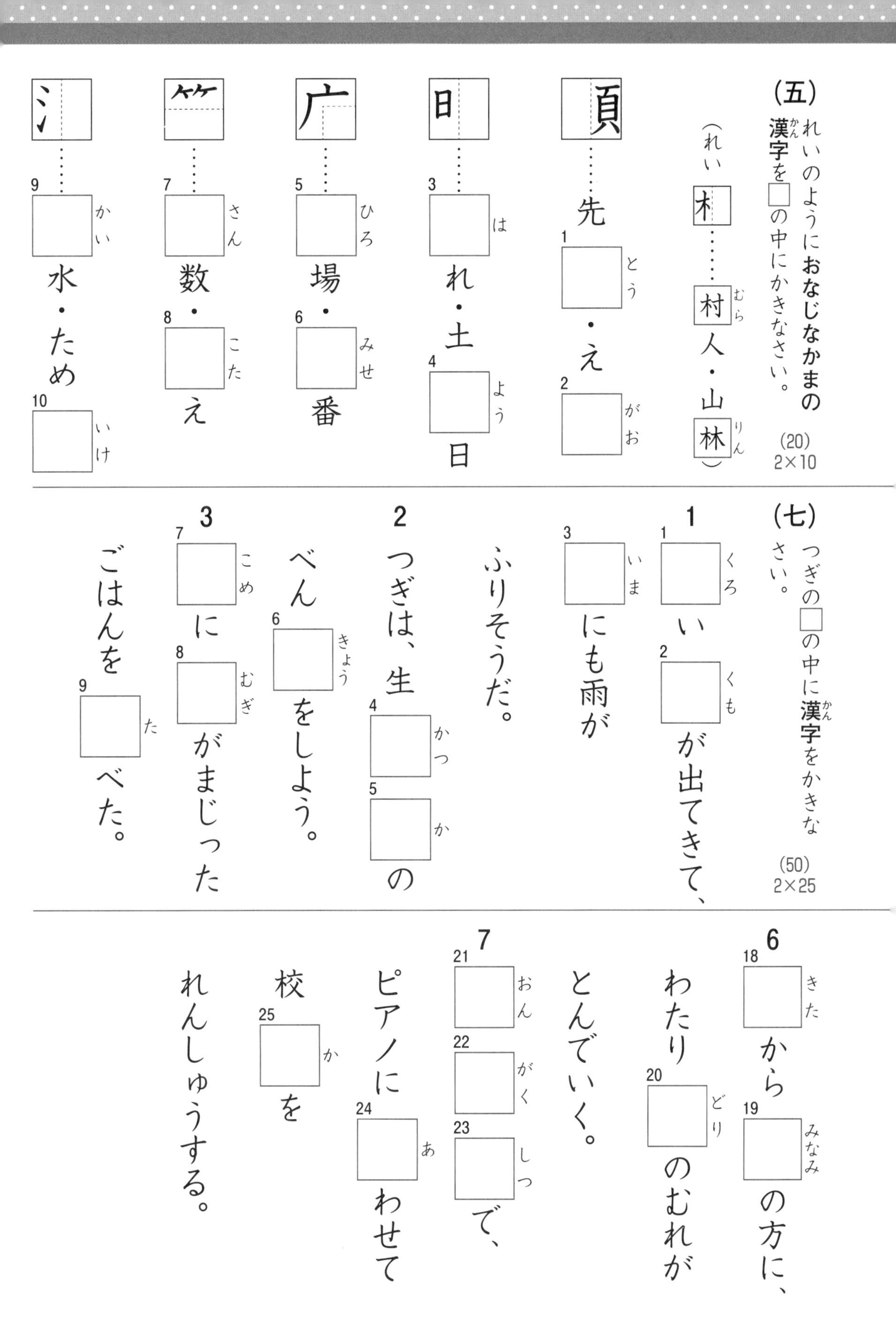

(五) れいのようにおなじなかまの漢字(かん)を□の中にかきなさい。 (20) 2×10

(れい 木……村(むら)人・山林(りん))

頁……先1□(とう)・え2□(がお)

日……3□(は)れ・土4□(よう)日

广……5□(ひろ)場・6□(みせ)番

⺮……7□(さん)数・8□(こた)え

氵……9□(かい)水・ため10□(いけ)

(七) つぎの□の中に漢字(かん)をかきなさい。 (50) 2×25

1 1□(くろ)い2□(くも)が出てきて、3□(いま)にも雨がふりそうだ。

2 つぎは、生4□(かつ)5□(か)のべん6□(きょう)をしよう。

3 7□(こめ)に8□(むぎ)がまじったごはんを9□(た)べた。

6 18□(きた)から19□(みなみ)の方に、わたり20□(どり)のむれがとんでいく。

7 21□(おん)22□(がく)23□(しつ)で、ピアノに24□(あ)わせて校25□(か)をれんしゅうする。

資料(しりょう)

9級(きゅう)配当(はいとう)漢字(かんじ)表(ひょう)

（――は中学校、太字は高校で学習(がくしゅう)する読み）

漢字	引	羽	雲	園	遠	何	科	夏	家	歌	画	回
読み方	イン ひ(く)・ひ(ける)	ウ は・はね	ウン くも	エン その	エン・**オン** とお(い)	カ なに・なん	カ	カ・ゲ なつ	カ・ケ いえ・や	カ うた・うた(う)	ガ カク	カイ・**エ** まわ(る)・まわ(す)
画数	4	6	12	13	13	7	9	10	10	14	8	6
部首(ぶしゅ)	弓	羽	雨	囗	辶	亻	禾	夊	宀	欠	田	囗

漢字	会	海	絵	外	角	楽	活	間	丸	岩	顔	汽
読み方	カイ・**エ** あ(う)	カイ うみ	カイ エ	ガイ・ゲ そと・ほか はず(す)・はず(れる)	カク かど・つの	ガク・ラク たの(しい) たの(しむ)	カツ	カン・ケン あいだ・ま	ガン・まる まる(い)・まる(める)	ガン いわ	ガン かお	キ
画数	6	9	12	5	7	13	9	12	3	8	18	7
部首	人	氵	糸	夕	角	木	氵	門	丶	山	頁	氵

漢字	記	帰	弓	牛	魚	京	強	教	近	兄	形	計
読み方	キ しる(す)	キ かえ(る)・かえ(す)	キュウ ゆみ	ギュウ うし	ギョ うお・さかな	キョウ ケイ	キョウ・ゴウ つよ(い)・つよ(まる) つよ(める)・し(いる)	キョウ おし(える) おそ(わる)	キン ちか(い)	ケイ・キョウ あに	ケイ・ギョウ かた・かたち	ケイ はか(る) はか(らう)
画数	10	10	3	4	11	8	11	11	7	5	7	9
部首	言	巾	弓	牛	魚	亠	弓	攵	辶	儿	彡	言

漢字	元	言	原	戸	古	午	後	語	工	公	広	交
読み方	ゲン・ガン もと	ゲン・ゴン い(う)・こと	ゲン はら	コ と	コ ふる(い)・ふる(す)	ゴ	ゴ・コウ・のち うし(ろ)・あと おく(れる)	ゴ かた(る) かた(らう)	コウ ク	コウ おおやけ	コウ・ひろ(い) ひろ(まる)・ひろ(める) ひろ(がる)・ひろ(げる)	コウ・まじ(わる)・まじ(える) ま(じる)・ま(ざる) ま(ぜる)・か(う)・か(わす)
画数	4	7	10	4	5	4	9	14	3	4	5	6
部首	儿	言	厂	戸	口	十	彳	言	工	八	广	亠

漢字	読み方	画数	部首
光	コウ ひか(る)・ひかり	6	儿
考	コウ かんが(える)	6	耂
行	コウ・ギョウ アン・い(く) ゆ(く)・おこな(う)	6	行
高	コウ・たか(い) たか・たか(まる) たか(める)	10	高
黄	コウ・オウ き・こ	11	黄
合	ゴウ・ガッ・カッ あ(う)・あ(わす) あ(わせる)	6	口
谷	コク たに	7	谷
国	コク くに	8	囗
黒	コク くろ・くろ(い)	11	黒
今	コン・キン いま	4	𠆢
才	サイ	3	手
細	サイ ほそ(い)・ほそ(る) こま(か)・こま(かい)	11	糸
作	サク・サ つく(る)	7	亻
算	サン	14	⺮
止	シ と(まる)・と(める)	4	止
市	シ いち	5	巾
矢	シ や	5	矢
姉	シ あね	8	女
思	シ おも(う)	9	心
紙	シ かみ	10	糸
寺	ジ てら	6	寸
自	ジ・シ みずか(ら)	6	自
時	ジ とき	10	日
室	シツ むろ	9	宀
社	シャ やしろ	7	礻
弱	ジャク よわ(い)・よわ(る) よわ(まる)・よわ(める)	10	弓
首	シュ くび	9	首
秋	シュウ あき	9	禾
週	シュウ	11	辶
春	シュン はる	9	日
書	ショ か(く)	10	曰
少	ショウ すく(ない) すこ(し)	4	小
場	ジョウ ば	12	土
色	ショク・シキ いろ	6	色
食	ショク・ジキ く(う)・く(らう) た(べる)	9	食
心	シン こころ	4	心
新	シン あたら(しい) あら(た)・にい	13	斤
親	シン・おや した(しい) した(しむ)	16	見
図	ズ・ト はか(る)	7	囗
数	スウ・ス かず・かぞ(える)	13	攵
西	セイ・サイ にし	6	西
声	セイ・ショウ こえ・こわ	7	士
星	セイ・ショウ ほし	9	日
晴	セイ は(れる)・は(らす)	12	日
切	セツ・サイ き(る)・き(れる)	4	刀
雪	セツ ゆき	11	⻗
船	セン ふね・ふな	11	舟
線	セン	15	糸
前	ゼン まえ	9	刂
組	ソ く(む)・くみ	11	糸
走	ソウ はし(る)	7	走
多	タ おお(い)	6	夕
太	タイ・タ ふと(い)・ふと(る)	4	大
体	タイ・テイ からだ	7	亻
台	ダイ タイ	5	口
地	チ ジ	6	土

漢字	読み方	画数	部首
池	チ いけ	6	氵
知	チ し(る)	8	矢
茶	チャ サ	9	艹
昼	チュウ ひる	9	日
長	チョウ なが(い)	8	長
鳥	チョウ とり	11	鳥
朝	チョウ あさ	12	月（つき）
直	チョク・ジキ ただ(ちに)・なお(す)・なお(る)	8	目
通	ツウ・**ツ** とお(る)・とお(す) かよ(う)	10	辶
弟	テイ・ダイ・デ おとうと	7	弓
店	テン みせ	8	广
点	テン	9	灬
電	デン	13	雨
刀	トウ かたな	2	刀

漢字	読み方	画数	部首
冬	トウ ふゆ	5	冫
当	トウ あ(たる)・あ(てる)	6	⺌
東	トウ ひがし	8	木
答	トウ こた(える) こた(え)	12	⺮
頭	トウ・ズ・**ト** あたま・かしら	16	頁
同	ドウ おな(じ)	6	口
道	ドウ・**トウ** みち	12	辶
読	ドク・トク・トウ よ(む)	14	言
内	ナイ・ダイ うち	4	入
南	ナン・**ナ** みなみ	9	十
肉	ニク	6	肉
馬	バ うま・ま	10	馬
売	バイ う(る)・う(れる)	7	士
買	バイ か(う)	12	貝

漢字	読み方	画数	部首
麦	バク むぎ	7	麦
半	ハン なか(ば)	5	十
番	バン	12	田
父	フ ちち	4	父
風	フウ・**フ** かぜ・かざ	9	風
分	ブン・フン・ブ わ(ける)・わ(かれる) わ(かる)・わ(かつ)	4	刀
聞	ブン・**モン** き(く)・き(こえる)	14	耳
米	ベイ・マイ こめ	6	米
歩	ホ・ブ・**フ** ある(く)・あゆ(む)	8	止
母	ボ はは	5	毋
方	ホウ かた	4	方
北	ホク きた	5	匕
毎	マイ	6	毋
妹	マイ いもうと	8	女

漢字	読み方	画数	部首
万	マン バン	3	一
明	メイ・ミョウ・あ(かり) あか(るい)・あか(るむ)・あか(らむ) あき(らか)・あ(ける)・あ(く) あ(くる)・あ(かす)	8	日
鳴	メイ な(く)・な(る) な(らす)	14	鳥
毛	モウ け	4	毛
門	モン かど	8	門
夜	ヤ よ・よる	8	夕
野	ヤ の	11	里
友	ユウ とも	4	又
用	ヨウ もち(いる)	5	用
曜	ヨウ	18	日
来	ライ く(る)・きた(る) きた(す)	7	木
里	リ さと	7	里
理	リ	11	王
話	ワ はな(す)・はなし	13	言

▶ 9級配当160字＋10級配当80字＝**240字**

答え

漢字検定9級トレーニングノート

（×は、間違えやすい例を示したものです。）

■2・3ページ

1 漢字のよみ❶

1 とお　×とう
2 かみ
3 なが
4 かたな
5 と
6 でんち
7 き
8 あね
9 くろ
10 ちょうしょく
11 にく
12 さかな
13 あたら
14 こうつう　×こおつう
15 はし
16 ゆうがた
17 みち
18 ある
19 かぜ
20 まわ
21 おとうと　×おとおと
22 かお
23 はら
24 な
25 こえ
26 てら
27 もんぜん
28 いろ
29 そと
30 みなみ
31 のやま
32 きょうかしょ　×きょおかしょ
33 か
34 おんがく

■4・5ページ

2 漢字のよみ❷

1 じょう
2 にとう　×にとお
3 うま
4 えんそく
5 あさ
6 は
7 はる
8 ひがし
9 あか
10 ちち
11 じぶん　×ぢぶん
12 かいしゃ
13 たいりょく
14 てんすう
15 おな
16 ふと
17 はね
18 とり
19 きょうしつ　×きょおしつ
20 ばなし
21 こんや
22 くも
23 なか
24 きょうだい　×きょおだい
25 じかん
26 り
27 げんき
28 うた
29 さんさい
30 いもうと　×いもおと
31 さと
32 しん
33 がいこく
34 ふね

■6・7ページ

3 漢字のよみ❸

1 こうえん　×こおえん
2 いけ
3 きんぎょ
4 だいく
5 いえ
6 なお
7 ねえ
8 こうこう　×こおこお

✓チェックしよう

▼音と訓の見分け方

　たいていの漢字には、「音」と「訓」の二種類の読み方があります。たとえば「心」には「しん・こころ」の二種類の読み方があります。では、「しん」「こころ」のどちらが音読みでしょう。それには次の①・②を覚えておくとよいでしょう。

①音読み…意味の分かりにくいものが多い。
②訓読み…意味の分かるものが多い。
「心」を音で「しん」と読んでも何のことか分かりませんが、訓で「こころ」と読めば意味が分かります。

9 かよ
10 ふゆ
11 とも
12 ゆきやま
13 まい
14 と
15 もと
16 あたま
17 うし
18 そうげん
19 まる
20 かたち
21 うみ
22 い
23 きん
24 した
25 ちず
26 ひろ
27 よる
28 ほし
29 おも
30 はな
31 こと
32 こた
33 ひ
34 くみ

❹ 漢字のよみ❹

■8・9ページ

1 くび
2 ほそ
3 え
4 せいてん
5 たい
6 ひかり
7 なつ
8 かた
9 あ
10 あに
11 みせ
12 とうばん
13 からだ
14 よわ
15 ぎゅう
16 きいろ
17 け
18 にんぎょう
19 つよ
20 でんせん
21 ふる
22 とけい ×とけえ
23 た
24 かぞ
25 ずこう ×ずこお
26 つく
27 ばりき
28 か
29 にっき
30 か
31 いっかい
32 よ
33 きしゃ
34 とうざい ×とおざい

❺ 漢字のよみ❺

■10・11ページ

1 ちゅうしん
2 にし
3 ほうがく
4 こうない
5 たいかい
6 らいしゅう
7 おお ×おう
8 ご
9 きょう
10 きんようび
11 し
12 ちゃ
13 しちょう
14 もち
15 めい
16 だい
17 や
18 き
19 かえ
20 としょ
21 けいさん ×けえさん
22 こく
23 いま
24 なに
25 うし
26 と
27 ほうげん
28 まじ
29 たか
30 すこ
31 でんわ
32 おし
33 とち
34 わ

❻ 漢字のよみ❻

■12・13ページ

1 がようし ×がよおし
2 ゆみ
3 や
4 ゆう
5 かんが
6 げん

チェックしよう

▼特別な読みの言葉

一字一字にはその読みはなく、全体をひとまとめにして、特別な読み方をする言葉があります。9級の特別な読みをする言葉には、次のようなものがあります。

・母さん(かあさん)
・父さん(とうさん)
・兄さん(にいさん)
・姉さん(ねえさん)
・時計(とけい)

7 はは
8 こころ
9 せいかつ（×せえかつ）
10 いちば
11 く
12 すく
13 ろっかくけい（×ろくかくけい）
14 なんかい
15 おそ
16 こめ
17 むぎ
18 う
19 さんすう
20 たの
21 たに
22 かぜ
23 いわやま
24 とお（×とう）
25 まえ
26 あ
27 ほどう
28 あ
29 しんぶん
30 こま
31 ごご
32 ひる
33 あき
34 たい

7 漢字のかき❶ ■14・15ページ

1 寺　2 聞　3 首　4 長　5 谷　6 間　7 線　8 引　9 体　10 細　11 合　12 歌　13 東　14 太　15 公　16 園　17 野　18 原　19 牛　20 食　21 馬　22 絵　23 門　24 多　25 電　26 話　27 海　28 外

8 漢字のかき❷ ■16・17ページ

1 黄　2 羽　3 遠　4 行　5 教　6 室　7 後　8 回　9 姉　10 心　11 新　12 店　13 雪　14 少　15 顔　16 風　17 春　18 里　19 南　20 光　21 元　22 通　23 強　24 岩　25 麦　26 茶　27 道　28 歩

9 漢字のかき❸ ■18・19ページ

1 家　2 帰　3 前　4 広　5 古　6 戸　7 西　8 直　9 図　10 書　11 昼　12 晴　13 京　14 形　15 番　16 組　17 雲　18 切　19 国　20 語　21 明　22 鳴　23 頭　24 角　25 計　26 画　27 親　28 来

10 漢字のかき❹ ■20・21ページ

1 夜　2 星　3 才　4 歌　5 算　6 強　7 船　8 遠　9 池　10 鳥　11 台　12 理　13 社　14 会　15 曜　16 楽　17 毛　18 売　19 地　20 北　21 行　22 万　23 兄　24 弟　25 今　26 何　27 交　28 通

11 漢字のかき❺ ■22・23ページ

1 半　2 分　3 野　4 朝　5 同　6 方　7 親　8 切　9 午　10 後　11 紙　12 丸　13 話　14 語　15 時　16 間　17 姉　18 妹

✓チェックしよう

▼「鳴く」「泣く」？

漢字は異なりますが、訓読みが同じになるものを「**同訓異字**」といい、次のようなものがあります。

- **鳴く**…虫が鳴く。
- **泣く**…子どもが泣く。
- **合う**…計算が合う。
- **会う**…友人と会う。

本紙19ページ22の正しい答えは「鳴」で、「泣」は×。「泣く」は人が悲しみなどのために涙を流すこと。なお、「泣」は7級の配当漢字なので、9級で出題されることはありません。

19 科　20 読　21 自　22 買　23 海　24 魚　25 弓　26 矢　27 道　28 走

12 漢字のかき❻　■24・25ページ

1 言　2 少　3 知　4 答　5 内　6 高　7 太　8 黒　9 止　10 場　11 毎　12 回　13 体　14 弱　15 友　16 思　17 活　18 楽　19 汽　20 船　21 図　22 刀　23 当　24 番　25 兄　26 方　27 角　28 形

13 漢字のかき❼　■26・27ページ

1 黒　2 書　3 鳥　4 声　5 秋　6 色　7 朝　8 細　9 来　10 週　11 自　12 考　13 冬　14 弟　15 近　16 通　17 市　18 肉　19 新　20 聞　21 台　22 電　23 方　24 教　25 米　26 作　27 今　28 夏

14 ひつじゅん❶　■28・29ページ

1 10　2 6　3 6　4 5　5 8　6 11　7 4　8 16　9 4　10 14　11 16　12 10　13 5　14 2　15 5　16 8　17 2　18 6　19 4　20 11　21 8　22 6　23 4　24 6　25 10　26 8　27 10　28 1　29 3　30 9　31 8　32 5　33 4

15 ひつじゅん❷　■30・31ページ

1 4　2 6　3 6　4 8　5 12　6 10　7 3　8 5　9 4　10 10　11 10　12 6　13 9　14 8　15 12　16 4　17 7　18 6　19 13　20 5　21 13　22 2　23 7　24 5　25 1　26 6　27 4　28 13　29 1　30 11　31 4　32 3　33 9

16 音よみとくんよみ❶　■32・33ページ

1 ごぜん　2 まえ　3 おんがく　4 たの　5 しん　6 あたら　7 きょうしつ　8 おし　9 ばしゃ　10 うま　11 はんぶん　12 わ　13 こうない（×こおない）　14 うち　15 ちゅうし　16 と　17 でんち　18 いけ　19 ふうせん　20 かぜ　21 たい　22 からだ　23 がいこく　24 くに　25 きょう　26 つよ　27 ぎゅう　28 うし

17 音よみとくんよみ❷　■34・35ページ

1 ぽ　2 ある　3 か　4 いえ　5 さんすう　6 かぞ　7 ゆうしょく　8 た　9 こうさく（×こおさく）　10 つく　11 しかく　12 かど　13 たい　14 ふと　15 らいげつ　16 こ（×き）　17 にかい　18 まわ

19 げんき
20 もと
21 もう
22 けいと ×けえと
23 さんとう ×さんとお
24 あたま
25 かい
26 うみ
27 こく
28 くろ

■36・37ページ

18 音よみとくんよみ❸

1 しん
2 おや
3 ちゅうしん
4 こころ
5 こうか ×こおか
6 うた
7 かいじょう
8 あ
9 たいせつ
10 き
11 こんげつ
12 いま
13 ちょくせん
14 なお
15 そう
16 はし
17 どうてん ×どおてん
18 おな
19 かせい ×かせえ
20 ぼし
21 でんわ
22 はな
23 や
24 のはら
25 ごご
26 うし
27 けいかく ×けえかく
28 はか

■38・39ページ

19 たいぎご・るいぎご❶

1 牛　2 妹
3 秋　4 心
5 麦　6 細
7 売　8 弱
9 遠　10 話
11 当　12 少
13 古　14 止
15 教　16 北
17 矢　18 冬
19 夜　20 東
21 弟　22 晴
23 後　24 角
25 書　26 行
27 歩　28 内
29 長　30 細
31 広　32 明
33 楽

■40・41ページ

20 たいぎご・るいぎご❷

1 昼　2 岩
3 親　4 海
5 雲　6 朝
7 引　8 前
9 言　10 戸
11 答　12 切
13 高　14 今
15 食　16 地
17 黒　18 母
19 頭　20 体
21 線　22 帰
23 近　24 聞
25 太　26 読
27 強　28 多
29 外　30 会
31 直　32 新
33 考

■42・43ページ

21 おなじぶしゅの漢字❶

1 雪　2 雲
3 組　4 絵
5 話　6 記
7 遠　8 通
9 光　10 元
11 京　12 交
13 店　14 広
15 秋　16 科
17 池　18 汽
19 図　20 国
21 強　22 引
23 晴　24 明
25 茶　26 花
27 頭　28 顔
29 体　30 作
31 算　32 答
33 姉　34 妹
35 今　36 会
37 地　38 場
39 道　40 週
41 家　42 室
43 計　44 読

■44・45ページ

22 おなじぶしゅの漢字❷

1 教　2 数
3 園　4 回
5 読　6 計
7 道　8 近
9 何　10 休
11 兄　12 先
13 時　14 曜
15 話　16 語
17 京　18 交
19 引　20 強
21 線　22 細
23 遠　24 通
25 茶　26 草
27 海　28 活
29 電　30 雪
31 頭　32 顔

33 科 34 秋 35 地 36 場 37 作 38 体 39 会 40 今 41 家 42 室 43 広 44 店

■46・47ページ

23 はねる・とめる❶

1 丸 2 外 3 作 4 地 5 記 6 汽 7 南 8 才 9 角 10 市 11 万 12 耳 13 肉 14 京 15 羽 16 何 17 色 18 毛 19 思 20 楽 21 弓 22 野 23 聞 24 半 25 考 26 内 27 科 28 電 29 心 30 北 31 米 32 元 33 午 34 新 35 刀 36 寺 37 売 38 算 39 池

■48・49ページ

24 はねる・とめる❷

1 明 2 切 3 牛 4 来 5 引 6 紙 7 時 8 妹 9 茶 10 光 11 近 12 同 13 母 14 晴 15 門 16 行 17 弟 18 店 19 親 20 原 21 線 22 朝 23 風 24 東 25 分 26 高 27 計 28 長 29 海 30 前 31 友 32 読 33 兄 34 馬 35 体 36 用 37 姉 38 帰 39 方

■50～53ページ

実力かんせいテスト (1)

(一)
1 でんち 2 き 3 と 4 とり 5 ふと 6 はね 7 だい 8 や 9 じかん 10 つく 11 り 12 おし 13 あさ 14 ちち 15 い 16 か 17 いえ 18 そと 19 ちか 20 こうえん 21 ある 22 えんそく 23 は 24 かぜ 25 けいさん 26 こた 27 こく 28 あき 29 てら 30 いろ

(二)
1 4 2 1 3 2 4 5 5 8
6 11 7 5 8 2 9 4 10 7

(三)
1 はんぶん 2 わ 3 きょう 4 つよ 5 ゆうしょく 6 た 7 ぎゅう 8 うし 9 にかい 10 まわ

(四)
1 南 2 矢 3 麦 4 弟 5 岩
6 地 7 親 8 聞 9 広 10 高

(五)
1 週 2 通 3 活 4 汽 5 光 6 元 7 記 8 語 9 交 10 京

（六）
1 才　2 耳　3 角　4 丸　5 万　6 来　7 刀　8 内　9 売　10 何

（七）
1 画　2 用　3 紙　4 馬　5 絵

6 道　7 茶　8 毛　9 鳴　10 声　11 心　12 直　13 線　14 楽　15 顔　16 思　17 門　18 前　19 店　20 冬　21 雪　22 少　23 夏　24 夜　25 星

■54～57ページ

実力かんせいテスト(2)

（一）
1 まいにち　2 いけ　3 きんぎょ　4 がいこく　5 ご　6 はな　7 たい　8 ひがし　9 にし　10 げんき　11 こえ　12 きょうしつ　13 き　14 ゆうじん　15 ひる　16 とう　17 た　18 せん　19 きしゃ　20 はし　21 ゆき　22 くも　23 ま　24 ほし　25 ひろ　26 のはら　27 たの　28 うし　29 あたま　30 つの

（二）
1 2　2 3　3 10　4 6　5 3
6 8　7 4　8 1　9 16　10 3

（三）
1 かしゅ　2 うた　3 いっぽ　4 ある　5 もう　6 け　7 ふうせん　8 かぜ　9 さんすう　10 かぞ

（四）
1 黒　2 夏　3 海　4 心　5 戸
6 晴　7 引　8 今　9 切　10 止

（五）
1 絵　3 茶　5 道　7 計　9 秋
2 紙　4 草　6 遠　8 読　10 科

（六）
1 地　2 作　3 肉　4 馬　5 市　6 明　7 光　8 南　9 考　10 色

（七）
1 買　2 帰　3 図　4 書　5 通

6 午
7 前
8 半
9 春
10 場
11 回
12 長
13 丸
14 形
15 岩
16 妹
17 公
18 園
19 台
20 父
21 曜
22 番
23 会
24 朝
25 家

■58～61ページ　実力かんせいテスト(3)

(一)
1 なんかい
2 しんぶん
3 なお
4 ゆみ
5 や
6 はんぶん
7 あ
8 あね
9 じ
10 こうこう
11 かよ
12 なつ
13 かんが
14 てがみ
15 はは
16 ちず
17 くに
18 とき
19 あに
20 さかな
21 おそ
22 おも
23 まえ
24 すこ
25 しん
26 いもうと
27 く
28 なが
29 みち
30 ふる

(二)
1 9
2 3
3 4
4 6
5 2
6 8
7 6
8 13
9 8
10 11

(三)
1 たい
2 からだ
3 ちゅうし
4 と
5 かせい
6 ほし
7 たいせつ
8 き
9 しかく
10 かど

(四)
1 牛
2 秋
3 外
4 谷
5 点
6 朝
7 売
8 帰
9 走
10 細

(五)
1 頭
2 顔
3 晴
4 曜
5 広
6 店
7 算
8 答
9 海
10 池

(六)
1 毛
2 東
3 元
4 汽
5 原
6 午
7 野
8 心
9 引
10 羽

(七)
1 黒
2 雲
3 今
4 活
5 科
6 強
7 米
8 麦
9 食
10 西
11 太
12 光
13 夜
14 電
15 気
16 明
17 昼
18 北
19 南
20 鳥
21 音
22 楽
23 室
24 合
25 歌